日本の仏教思想

——原文で読む仏教入門——

頼住 光子 著

北樹出版

はしがき

宗教とは、人間が生み出した最も高度な文化の一つである。

人間が、今あるように成るためには、長い年月が必要であった。その時間の中で、人間は、自己について、共同体について、さらに、生と死について、様々な観念を生み出し、それらを拠り所として、自らの生活をよりよいものとしようとしてきた。そして、それらの観念の中心に位置してきたのが、たとえば、神、仏、天、霊、道、法（真理）などと呼ばれる「超越的なるもの」であった。

未開社会に関する研究を通じて、人間の意識の統一性や自我の同一性は、最初から強固なものとして与えられていたのではないことが分かっている。未開人は、何らかの衝撃を与えられると、非常に容易く意識の水準が低下し、自己意識、すなわち、今、ここにおいて世界に対峙しているという意識を失い、他者や環境に同調する「即融」（コイノニア）状態に陥ってしまう。そのような状態において、人は暗示にかかりやすくなり、自らに衝撃を与えた他者や他存在の動きや音の受動的模倣を、無意識的に反復するという。人間の意識の統合、人格の統一とは、必ずしも自明でも所与のものでもないのである。

原初の意識に統一性を与える、いわば虚焦点（Imaginary Focus）が、「超越的なるもの」である。皮膚によって囲まれた一個の肉体とその肉体に由来するとりとめのない感覚の連鎖を、一つの統一的な全体として、すなわち、今、ここにいる「この私」として成立させるためには、「今」ではなく、「ここ」ではなく、「この私」ではない「何か」が必要なのだ。その「今」ではなく、「ここ」ではなく、「この私」ではないが故に「今」「ここ」「この私」を成り立たせる「何か」は、「今」「ここ」「この私」を超え、かつ、その成立を基礎付けているという意味で、「超越的なるもの」と言ってよいだろう。

さらに言えば、この「超越的なるもの」は、「この私」を成立させると同時に、「この私」の延長上にある共同体（「私たち」）をも基礎付ける。それは、共同体の外部となることによって、共同体それ自体を一つの内部として存立させる。「超越的なるもの」の出現によって、人間がそこから生まれたところのもの（原自然＝一次的自然）が分節化されて、文化の領域と自然（環境としての自然＝二次的自然）とに分かれる。文化の領域とは、人間がそこで生まれて死んでいく共同体である。自然とは、その人間の生活の領域の基盤であり、或る時は豊かで恩恵的な自然として生活の糧を与え、また、或る時は、たとえば自然災害として生活それ自体を脅かし危機に陥れる自然である。そして、「超越的なるもの」は、この文化と自然との分岐点に位置して、両者を司る。

原初において、人間の成立は「超越的なるもの」の成立でもあった。脱宗教化の時代と呼ばれる現代、確かに既成宗教の文脈における「超越的なるもの」についての関心は低下したということもできるかもしれない。しかし、これまでの伝統的な「超越的なるもの」に代わる新たなそれが登場して——たとえば消費社会における様々なシンボル、イメージなど——人々の自我や共同体のアイデンティティを依然として支えているのである。

以上述べてきたように、人間と超越的なるものとの関わりは人間にとって本質的なものである。そして、このような関わりを教義、儀礼、組織等により制度化したものが宗教であり、人間は、古今東西、様々な宗教を生み出し、自らの自我と共同体とを支えてきた。東アジアの東端に位置する日本列島には、ユーラシア大陸で生まれ発展した宗教が伝わり、日本古来の信仰と相互に影響し合いつつ独自の展開を遂げた。中でも、日本人に大きな影響を与えたのは、仏教である。仏教によって、日本人は、人間や世界について意識的に考え、表現することを教えられた。仏教を抜きにして、日本の伝統的な思想や文化を考えることは困難であろう。

本書は、日本の仏教思想を知るための入門書として執筆したものである。仏教の基本知識について、ある程度網羅的に説明するとともに、私自身が日本の仏教思想についてこれまで研究してきた成果についても、その一端を盛り込んだ。第一部では、仏教の基本教理とその歴史を説明して、日本に影響を与えた仏教とはそもそもどのような教えであったのかを明らかにし、第二部では、日本仏教の展開を、代表的な仏教者の思想的解明等を通じて概観した。叙述にあたってはなるべく原文を示し，それに基づいて説明するようにつとめた。

また、日本仏教を軸として叙述するという観点から、経典については、漢訳を用いた。用語についても漢訳を主として、必要に応じてサンスクリット原語を補った。

目次

第一部　仏教の成立と展開

第二部　日本の仏教思想

日本の仏教思想

――原文で読む仏教入門

第一部　仏教の成立と展開

前六世紀（一説に五世紀）、インドで起こった仏教は、釈迦やその弟子による原始教団として出発したが、仏滅後一〇〇年頃、教団は分裂し部派仏教の時代に入る。この時代、教団は二〇ほどの部派に分かれ学問仏教が栄えたが、紀元前後には、部派仏教を批判して大乗仏教が起こる。大乗仏教は自利利他の菩薩行を説く一方、仏教哲学としては中観派《ちゅうがんは》、瑜伽行唯識派《ゆがぎょうゆいしきは》が論争を闘わせた。その後、インドの仏教は密教が主流となるが、一三世紀初頭には、イスラーム侵入を契機として滅んでしまう。しかし、仏教はそれ以前に、日本をはじめ、中国、朝鮮、チベット、スリランカ、タイ、ミャンマーなど、アジア各地に伝播し、それぞれの地に根付いていたのである。

このように歴史的にも地理的にも大きな展開を見せる仏教の原点は、言うまでもなく釈迦が菩提樹《ぼだいじゅ》下で体得した法（真理）である。第一部においては、この真理とは何であったのか、それが、どのようにそれぞれの時代、地域において受け止められ表現されていったのかを、仏教がインドに興起してから日本に伝来するまでの流れに沿って概観する。

第1章　仏教とは何か

仏の教え・仏への帰依の教え・仏に成るための教え

仏教とは、文字通り、仏（仏陀《ぶっだ》 Buddha の省略形）の教えであり、さらに、仏に帰依し、自分自身が、仏に成るための教えである。宗教名を表わす言葉は伝統的には「仏法」「仏道」であったが、その場合も「法」「道」は「教え」を意味するので、ここでは現在一般的である「仏教」の語を使用する。

さて、仏とは、まず歴史的存在としての開祖釈迦を意味する。後述のように、古代インドの小国の王子として生まれ、青年期に俗世を捨てて出家し、瞑想修行の末に菩提樹の下で開悟成道《かいごじょうどう》を遂げ、その後、布教のためにガンジス河中流域を一所不住の旅をして回ったと伝えられる釈迦牟尼その人を指す。

この仏陀という言葉は、古代インドでは、もともと真理に目覚めた人（覚者）を意味する一般名詞であった。たとえば仏教と同時代の宗教であり、仏教と同様に反バラモン・反カーストを唱えたジャイナ教の開祖マハーヴィーラも仏陀と呼ばれたが、この言葉は、特に、仏教で多く用いられ、悟りを開き覚者となった（成仏した）釈迦牟尼を指す尊称とされた。ただし、仏教では、仏陀は釈迦牟尼だけに限定されず、開悟成道して真理を体得した人はみな仏陀と呼ばれる。成仏というと、現代日本語の用法では「死ぬこと」を意味するが、本来は、修行して真理を悟り覚者（仏陀）と成ることを意味していたのである。

さて、釈迦が悟った真理を「法」（達磨《だるま》 Dharma）と言う。法は、釈迦が菩提樹下で瞑想して悟った永遠の真理であり、古代インドでは、仏教に限らずすべての教えの根底をなすものとされていた。釈迦がこの世に出現する前にも、この真理を悟った者はいたが、釈迦ほど広くこの真理を人々に述べ伝えた者はいないと仏教では考える。釈迦を媒介とするかたちで人々は真理に触れることが可能となるのである。つまり、仏教とは、仏陀としての釈迦を通じて人々を真理へと導くための教えであり、その意味で、仏に帰依することを説く教えでもあるのだ。（もちろん、帰依の内実や程度は、時代や学派・宗派によって多様性があるが、釈迦への讃仰は初期仏教以来、一貫して見られるのである。）

仏宝・法宝・僧宝

さて、仏教を成り立たせる重要な要素として、上述の仏と法に、仏の教えに従い法を求める僧（僧伽《そうぎゃ》 Samgha 個々の僧とその集団の両者を意味する）を加えて、三宝（ratna-traya）と称する。これらは、仏教徒すべてが拠り所とすべきものであり、宗教学で言う創唱宗教成立の三要件である教祖・教義・信者に対応すると言われている。

さて、法とは、永遠の真理であり、さらに、その真理を他者に教導する際に示す教説である。ここで注目されるのは、法には、真理そのものとそれを言語化した教えという、二重の意味があるということである。「法」の持つ二重性は、後述するように、仏教の真理観、言語観、世界観、実践論にも関わる重要な問題である。

この三宝への帰依を表明する帰依文は、周知のように、現在でも世界各地の仏教寺院において、入門の際に、また、折に触れて唱えられている。三宝に従うことこそが、時代や地域の別、大乗・小乗の別、宗派の別を超えて、仏教徒たる基本要件となっているのである。

ところで、この三宝については、三宝をおのおの別個のものとして捉える見方（別相三宝）と同時に、仏・法・

僧と三つに分節されてはいるものの、これらは同一のものの三つの面として不離一体であると捉える見方（一体三宝）がある。ここでは三宝の不離一体性をてがかりとして、仏教の思考方法の基本的な枠組みについて確認したい。その前提としてまず、先述の法の二重性を考えてみよう。

二つの法――言語化不可能な真理と真理の言語化

さて、経典の伝えるところによると、釈迦は菩提樹の下で瞑想をし、明けの明星を見て悟ったとされる。この時悟られたのは、真理そのものとしての「法」であると考えられるが、これが何であったのかについては、確定的なことは何も伝えられていない。このことは、元は何らかの伝えがあったものが途中で分からなくなったということでも、また、何らかの事情で伝え損ねたというようなものでもなく、本来的に言語化できないものであったからと考えるべきであろう。一義的に確定される内容を持たないというのが、仏教の真理の本来的な性格なのである。

言語とわれわれの認識とは密接に結び付いており、われわれの通常の認識は、たとえば、大―小、長―短、多―少などの二元対立的な枠組みに基づく総合的な判断というかたちで成立し、われわれは、そこでの認識像に対してある名前を与える。その名前は他の諸の名前と相対立するものであり、名前が与えられることによって、ある事物は一つの独立したものとして輪郭を与えられる。われわれの日常的な世界は、机があり、椅子があり、本があり、犬がいるというように、様々なものがそのものとして独立して存在する世界である。仏教的な用語で言えば、それは差別《しゃべつ》（多様性）の世界である。この世界を生きる人間は、その多様な諸事物事象をある観点から序列化し、その中でより高い価値を求めて日々生きている。仏教では、そのような差別を固定化し、執着《しゅうちゃく》するようなあり方を煩悩として、人間の苦しみの源であると考え、この苦しみを解脱するためには瞑想等の修行をしなければならないと説く。世界の表層をなぞるわれわれの認識は、瞑想を通じて世界の深層へと向けられ、それによってあらゆる分節化の根源にある、絶対的に平等な、無分節の世界が直接的に体得される。

それは、無分節であるが故に、二元対立的カテゴリーに基づく通常の認識の枠組みによっては把握されず、また、言語化され得ない。無分節の世界こそが真理なのである。悟りにおいて体得される「法」、すなわち、真理は、言語によっては完全には把握され得ないという意味で、言語を超えている。しかし、だからといって真理の言語化が全く不可能なわけでは決してない。真理そのものとしての「法」は、言語を超越しているにもかかわらず、いや、むしろ言語を超越しているが故に、様々なかたちで言語化され得る。このような言語化された教えもまた「法」と呼ばれるのである。

この真理そのものと、教えとの関係を理解するにあたっては、仏教の一派である禅宗で使用されている「指月《しげつ》の喩《ゆ》」が参考になる。この比喩では、言語超越的な真理そのものを月に喩え、言語化された様々な教えを、月を指す指に喩えている。指は、月の方向を指すことによって、他者の視線を月そのものへと向けることができる。指は直接に月に触れることはできないが、様々な場所から多様なやり方で月を指し示すのである。月を指してさえいれば、どのような指し方も可能なのである。しかし、指し示された人が、もし指に固執して指ばかりを見ていたら、その人はいつまでたっても月に視線を向けることはできない。つまり、教えは真理である月へと導く媒介であり、教えそのもの、言葉そのものに固執することは無意味なのである。

指月の喩が端的に表しているように、真理そのものは、決して一義的に言語によって表現されるようなものではないが、だからといって、そのことは真理に対する表現の不可能性を意味するのではなくて、むしろ、真理を指し示す表現の多様性を確保している。仏教では対機説法《たいきせっぽう》ということが重視され、教えを受ける側の性質や能力に応じて、真理を説くにも様々な方法があるということが主張されている。このような教えの多様性は、以上述べてきたような真理の性質に根差したものでもあるのだ。

また、仏教経典は、キリスト教の聖書やイスラームのコーランと比較すると、量的に膨大であり、また成立も長期間にわたっている。これは、上述の仏教の真理や言語に対する考え方と関係している。釈迦によって悟られた真理そのものについて確定的なことが語られなかったことは、仏教の発展にとっては決してマイナスではなかった。というのは、そのことによって、後代の仏教者たちは、自分たちなりにその内容を忖度《そんたく》する余地が残されたからである。

釈迦の滅後数百年たっても、経典作者たちは、自分なりに受け止めた釈迦の悟りの内容について「如是我聞《にょぜがもん》」（「このように私は聞いた」という意味で、経典は、釈迦の直説を標榜してこの言葉で始まるのが常であった）と語り出すのである。つまり、ここで言う「我」とは、釈迦の侍者を長年つとめ、常に説法の場に同席し聴聞したアーナンダー（阿難陀）であると同時に、個々の経典の作者なのである。仏教が、釈迦の死後、広大な地域で受容され発展を遂げた要因の一つとして、悟りの内容そのものが確固たるものとして一義的に確定されていなかったことが挙げられよう。確定されていなかったが故に、それぞれの時代や風土において自由かつ主体的な解釈が行われ、発祥の地を遠く離れた世界各地において、また、釈迦の滅後、二千数百年たった現在においても、仏教は宗教として生き生きとした生命を保っていると言えるのである。

法と仏の一体性

以上、三宝の不離一体性を述べるための前提として、仏教における真理のあり方と教えとの関係を述べてきた。これをてがかりとして、次に、三宝の一体性を、まず、仏と法との一体性から考えてみよう。

仏とは、先述のように、覚者、すなわち法（真理）を悟ったものである。釈迦によって悟られた真理そのものは、全世界の全事物の根源である。この真理そのものに依拠することによって釈迦は仏教を創始したのである。この時悟られた真理そのものは、釈迦が出現するか否かにかかわらず存在し続けるものであるが、釈迦の偉大さは、本来言語化不可能であり分節不可能なこの真理を、あえて分節し言葉として語ったところにあるとされる。言語化不可能なものを言語化し分節して語るところに、釈迦の慈悲があり、仏の仏たる所以がある。仏教では、衆生を苦悩する存在として捉え、その苦悩は真理に対する無知に由来すると説く。その無知なる衆生を真理へと導くのが釈迦の教えの言葉なのである。仏は、真理そのものとしての法を悟り、それを衆生のために教えの言葉へと分節していく。これこそが、法と仏との不離一体性を示しているのである。

法と僧との一体性

次に、法と僧との不離一体性を検討してみよう。僧とは、僧伽の略であり、出家修行者の集団を指すとともに、その集団の各構成員一人、一人をも指す。

さて、先に仏の仏たる所以は、教え（法）を説くところにあると述べた。教えを説くという行為は、すでにして教えを聞く者の存在を前提している。そして、教えを受けた側が、それを受け容れ従うことが期待されている。もとより、教えに聞き従う者は、必ずしも僧伽（教団）に属する出家者である僧に限られるわけではなくて、在家信者もいるのだが、信者の理想形態が出家修行者であり、また教えを十全に受け容れ従ったかたちが僧である以上、僧を教えの対象の典型と考えることができる。

仏の教えとしての法を受けた僧は、それに従って修行し、自らも真理そのものとしての法を体得することを目指す。この意味で、法と僧とは不離一体のものなのである。

僧と仏との一体性

最後に、僧と仏との一体ということを考えてみよう。僧とは、仏の教えに従うことによって、言語や通常の意味における認識を超越した真理を体得することを目指す者である。先述の指月の喩が示すように、彼ら僧は、月を指す指であるところの教えを媒介として、真理そのものを体得せんと修行に励む。そして、ある特権的な瞬間に、彼らは真理そのものを体得する。その一瞬において、彼らは時空を超えて釈迦の菩提樹下での悟りの世界に、つまり、無分節であり無差別な世界に、連なるのである。つまり、釈迦が見た真理そのものとしての月を、彼らもまた見るのである。このように、釈迦と同じ悟りを悟るという点において、彼らは成仏した、つまり覚者（仏陀）と成ったと言うことが可能である。つまり、僧と仏との一体性が達成されるのである。たとえば、万能の創造主にして唯一絶対の神への帰依を説くセム系一神教（キリスト教、ユダヤ教、イスラームなど）のように、神と人との絶対的質差と断絶を説く宗教では、人が神に成ることはあり得ないが、仏教では、人（僧）は仏に成り得ると考えるのである。

そして、仏とは教えを説き人々を導くべき存在であるから、彼らは仏になることによって教えを広めていく。僧は、教えを受けるとともに、他に教えを与えるのである。彼らが教えを受け継ぎ伝えて行くことによって、仏教の法灯は脈々と伝えられていく。つまり、真理そのものとしての法を悟った仏が、それを教えとしての法として僧に説き、それを通じて、僧もまた真理そのものとしての法を体得し仏となり、自らも教えとしての法を説く。このように、三宝すなわち仏と法と僧とが、互いに関係しあいながら力動的に展開していくことによって、仏教全体が発展するのである。

第2章　釈迦の生涯と教え

（1）　仏教前史

インダス文明の盛衰とアーリア人の侵入、定着

インダス文明は、前三〇〇〇年頃起こり一五〇〇年程栄えた。その間に形作られた宗教観念は、土着民であるドラヴィダ人の間で伝えられ、さらに侵入者であるアーリア人にも影響するなど、インドの伝統的な宗教観念の源となった。インダス文明の遺跡から発掘された印章や彫刻の図柄から、現在もインドの宗教的実践の中心である瞑想修行が、すでにこの時代から行われていたことが分かる。また、他にも、輪廻転生《りんねてんしょう》の観念や沐浴《もくよく》、火の祭儀、聖樹崇拝、動物崇拝、諸神格などインダス文明に端を発するものが多数ある。

さて、インダス文明は、前二〇〇〇年頃衰微し、その後、前一五〇〇年頃には、アーリア人の侵入によって消滅したと言われている。中央アジアの高原地帯で遊牧をしていたアーリア人は、南下してインダス川上流地方に侵入し土着民を制圧し、前一〇〇〇年頃にはガンジス河流域に東進し、その肥沃な平原に定住するに至った。アーリア人は、バラモンと呼ばれる祭祀階級を中心として閉鎖的な村落共同体を形成し、カースト制として現在まで続く身

分制を発達させた。カースト最上位であるバラモンによる祭祀を中心として発達した宗教がバラモン教である。祭司バラモンは、神々にホーマ（homa 供物を火に投げ入れる祈願祭祀、のち仏教に取り入れられ護摩《ごま》と音写された）などの祭祀儀礼をなし、豊穣や多産、生活の安寧など、招福除災を祈った。

さて、バラモン教の根本聖典「ヴェーダ」の終結部をなすウパニシャッド文献では、万有の根源や死後の運命についての哲学的思索が行われ、ブラフマン（brahman 宇宙の根本原理）とアートマン（ātman 個人我）との合一である「梵我一如《ぼんがいちにょ》」が説かれた。そして、人は輪廻転生し続ける存在であり、この世における行為の善悪が、来世におけるあり方を決定するとした上で、このような輪廻転生から解脱《げだつ》することこそが人間の究極的な目標であると主張した。ウパニシャッドの神秘思想は、世俗的欲望を超克した深い思索と瞑想の実践によって裏付けられたものであり、仏教思想の成立にも影響を与えたとされる。

自由思想家の活躍と枢軸時代

前六、五世紀頃、ガンジス河中下流域には、一六大国と呼ばれるアーリア人の国家が栄えた。これらの国家では、都市を中心に交易が盛んになり貨幣経済が起こり、商人や手工業者の中には莫大な富を蓄える者も出てきた。それに伴って、自給自足の閉鎖的な村落共同体の中で神と等しい者として君臨していたバラモンの権威を疑い、自由な思索に赴く人々の出現が目立ってきた。都市に現われた旧来の権威に囚われず思索する者たちが自由思想家である。彼らは、沙門（śramaṇa 出家遊行者）とも呼ばれ、瞑想や苦行などの宗教的実践を行いながら、新たな人間観、世界観を求めて自由な討議を行った。彼らは、伝統的権威を否定し、唯物論や懐疑論、宿命論、快楽主義など自由な思想を展開した。釈迦もその自由思想家の一人であった。

さて、当時は、世界的に見て、人類の精神的世界が大きく展開した時期であった。ドイツの実存哲学者であるヤスパース（K.Jaspers）は、その著作『歴史の起源と目標』（*Vom Ursprung und Ziel der Geschichte*）の中で、この時代のことを枢軸時代（Achsenzeit 軸の時代とも言う）と名付けている。ヤスパースによれば、前五〇〇年を中心とする前後約三〇〇年の間に、世界の先進的な諸地域において、思想家・哲学者が登場し、精神的革命を成し遂げた。人類は、この段階に至って、普遍的、根源的なものを理論的、原理的に自覚すると同時に、共同体に埋没するのではなくて個人として生きることを始めた。釈迦などのインドの自由思想家の他、ギリシアにはソクラテスをはじめとする哲学者や詩人たちが、中国には諸子百家が、パレスチナにはイエス・キリストの先駆をなした旧約の預言者が、イランにはゾロアスターが現われて、個の覚醒と普遍的理念を宣揚したのである。

（2）釈迦の生涯

仏教の開祖である釈迦牟尼の名は、シャーキャ（釈迦）族出身の聖者という意味である。略して釈迦、釈尊と呼び、目覚めた人という意味で仏陀とも呼ぶ。真理から来た（または真理に至る）という意味の如来《にょらい》（tathāgata）とも呼ばれる。生没年については、前五六六～四八六年、前四六三～三八三年などいくつかの説がある。釈迦については、一時はその実在を疑う説すら出ていたこともあるくらい確実な史料が乏しく、その生涯も伝説のヴェールにつつまれ、実像については不明な点も多い。しかし、伝説の中にも、仏陀とは何か、世を捨て修行し、真理を悟り、そしてそれを人々に伝えるというのはどのような営為なのかということについての理解が込められている。一人の人間の生涯の物語の中に、仏教の真理が具現しているのである。このような観点から、釈迦の生涯の物語を略述する。

釈迦の誕生

仏伝（説話化された釈迦の伝記）によれば、釈迦は、現在のネパールとインドの国境付近にあった、ヒマラヤ南麓のカピラヴァストゥ（迦毘羅城）に、シャーキャ（釈迦）族の王子として生まれた。父はシュッドーダナ王（浄飯王《じょうぼんおう》）であり、母はマーヤー（摩耶夫人《まやぶにん》）であった。父の治めていた国の広さは、およそ千葉県ぐらいであったと言われており、当時ガンジス川流域に興起していた諸国の中でも弱小な国であった。

母マーヤーは、六牙の白象が兜率天から降下して自らの胎内に宿る夢を見て釈迦を宿し、ルンビニー（藍毘尼）園において、アショーカ（無憂）樹に触れた時、右の脇から釈迦を産んだと伝えられている。釈迦は誕生後すぐに七歩あゆみ、右手で天を左手で地を指して、「天上天下唯我独尊《てんじょうてんがゆいがどくそん》」と宣言したと言う。この姿を表わした仏像は、後年、誕生仏と呼ばれ、釈迦生誕の日とされた四月八日に行われる灌仏会《かんぶつえ》（花祭り）の際には、頭上に甘茶（もとは香水）を注ぐのが慣わしである。この「天上天下唯我独尊」という言葉は、もともとは過去七仏（釈迦より前にこの世に出現したとされる六仏と釈迦）の第一仏である毘婆尸《びばし》仏の言葉であったが、後に釈迦の誕生を賛美する言葉として転用され、さらに釈迦自身の言葉と解されるようになったと言う。だから、現在の用法とは違って、ここで言う「唯我独尊」は、一人よがりや自惚れではなく、信者たちが、釈迦がその後悟ることになった真理の尊さと、その真理を体得した釈迦への敬愛を、その第一声に託した言葉なのである。

青年釈迦の苦悩

釈迦は、王家の後継者としてなに不自由ない環境に育ち、妻ヤショーダラー（耶輸陀羅《やしゅだら》）との間には一子ラーフラ（羅睺羅《らごら》）も設けるが、精神的には苦悩に満ちた生活を送っていた。生後まもなく母と死別したことに加えて、諸国があい争う中で弱小な国の皇太子であるということも釈迦の心に暗い影を落としていただろう。さらに、特に釈迦の心を悩ませていたのは、人の免れ難い運命としての「老・病・死」であったと言う。今現在、自分は若く才能に満ちあふれ、将来の王として尊敬を集めているが、やがて、自分も老い、病み、死んでいかなければならない。だとすれば、人生の意味は一体どこにあるのか。このような釈迦の煩悶とその解決方法を暗示する伝説として知られているのが、「四門出遊《しもんしゅつゆう》」（四門遊観とも言う）のエピソードである。それによれば、塞ぎ込みがちな息子の様子を心配した父王に勧められて、気晴らしに郊外で狩りをしようとした釈迦は、城の東、南、西のそれぞれの門において、老人、病人、死人を見る。それらを逃れようと最後に北門から出ようとした時に、出家遊行者に出会い、老病死を真の意味で克服する道は出家修行しかないと決意したと言う。これらの老人、病人、死人、出家遊行者は、みな、釈迦の出家を後押しする浄居天の化身であったとも言われている。もちろん、これは後世に作られた伝説であるが、釈迦の出家の動機を鮮やかに示している。

出家と成道

二九歳の時に、世俗を捨てて出家修行者となった釈迦は、まず、二人の仙人の指導を受けるが、それに飽き足らずに苦行を行う。一日に米一粒しか食べない断食など厳しい修行を六年間（七年間とも）にわたり行ったが真理は得られなかった。苦行によってすべての欲望や執着をなくすことを試みたのであるが、身体を極限まで痛めつける苦行は、逆の意味で身体に執着していることに他ならなかった。苦行によっては真理を体得できないことに気付いた釈迦は、苦行を止めてナイランジャナー川（尼連禅河《にれんぜんが》）で沐浴し心身を清めた。その後、心身の回復をはかり、ブッダガヤー（仏陀伽耶）の菩提樹の下で、静かに結跏趺坐《けっかふざ》して瞑想をし、ついに真理を体得するに至った。開悟成道《かいごじょうどう》であり、仏陀《ぶっだ》の誕生である（成仏）。瞑想中には、魔の軍団が襲ってきたが、釈迦はそれを斥けたと伝えられる。魔の軍団とは、瞑想中の心理的葛藤や尽きない欲望（煩悩）を表わしており、釈迦はそれらすべてに打ち勝って悟りを開いたのである。

さて、開悟成道したその瞬間に、釈迦がどのような真理を悟ったのかについては、何も分からない。先述のように、仏教では、究極の真理は、言語を超えたものであると考える。瞑想して悟りを得た瞬間において、人は真理の全体を直観的に把握するが、それは、言語によっては完全に表現し得ないものなのである。

梵天勧請と布教の決意

この究極的真理の言語超越性は、仏伝においては、「梵天勧請《ぼんてんかんじょう》」説話というかたちで示されている。その説話によると、神々の中の長であるブラフマー（梵天、インド土着の神を仏教が取り入れたもの）が、開悟成道した釈迦に対して、釈迦の悟った真理を説き、迷える者を導いてくれるように願う。仏教は、先行する輪廻転生の考え方を受け容れて六道輪廻を説き、衆生は開悟成道して解脱しない限り、天、人間、修羅、畜生、餓鬼、地獄の六つの世界を生前の行為の善悪に従って生まれ変わり死に変わり、永遠に経めぐり続けるとする。天界（神々の世界）は六つの世界の中では最高の世界であり、諸天は、長い寿命や様々な力を持ち快楽《けらく》に満ちた生活を送るが、やはり死や苦しみを免れられない存在である。それ故に、「梵天勧請」がなされる。

それに対して、釈迦は、自分の悟った真理は深遠であり世の人々に理解させるのは困難であるとして、説法を断るが、重ねて何度も懇願され、遂には説法することを承諾するのである。この説話において、釈迦が当初は説法を断ったのは、真理を語ることの困難さ故であるとされる。それは、そもそも真理それ自体が直観的にしか把握され得ないものであり、言語を超えたものであるということに起因する。しかし、釈迦は、迷い苦しむ人を導くために、つまり、その人自身が真理の把捉へ赴くように、説法することを決意する。つまり、世の人々の迷い苦しむのを見捨てておけないという慈悲の心が、説法の根底にあるのだ。そのことを、この説話は物語っている。仏教では、真理を体得してもろもろの欲望や執着（煩悩）から解脱しない限り、生きとし生ける者は苦悩を免れられないと考える。悩みや苦しみからの解放は、最終的には自分自身で開悟し成仏することによってしか成就されない。仏教の慈悲とは、悩み苦しむ者が自分自身で真理へと向かえるように導くことなのである。

ここで上述の「輪廻転生」説に関して付言しておきたいのは、それが仏教にとって本質的であるということである。近代日本の仏教理解では、釈迦が死後の運命について無記（回答されないこと）であると述べたことなどを援用して、輪廻転生説というのはあくまでも方便説で、いわば布教のための「必要悪」であったと捉える傾向が強い。近代人には輪廻転生という考え方は荒唐無稽な迷信に見えるのであろう。しかし、釈迦が死後の運命について無記であると言ったのは、戯論《けろん》（無駄な議論）を止めるためであって、輪廻転生を否定するためではない。最古の経典群にも輪廻転生は自明の前提として登場している。仏教では、一貫して、不滅の霊魂を立てない形での輪廻転生（無我輪廻）を説くのである。それは、近代的な言葉を使って説明し直すならば、個人を超えた世界形成意志による無限の世界展開とでも言うべきものである。その意志が、個人に業《ごう》（行為、カルマ）を積ませ、その行為のもたらす力によって世界を存続させていくのである。輪廻転生は仏教にとっては、世界観、人間観の基本なのである。

初転法輪と教団の発展

さて、仏伝の語るところによると、「梵天勧請」によって説法をして人々を導くことを決意した釈迦は、まず、苦行をともにした五人の仲間がいた聖地サールナート（鹿野苑）に赴き、彼らに説法をした（初転法輪《しょてんぽうりん》）。この時四諦《したい》八正道《はっしょうどう》の教えが説かれた。（教えの内容については後述。）この教えを聞いた五人は直ちに悟りを開き釈迦の弟子になった。これをもって、仏、法、僧の三宝の成就とする。

この後、釈迦は、その後半生、すなわち開悟成道したとされる三五歳から八〇歳で入滅するまで、ガンジス川中流域を一所不住の布教の旅に過ごすことになる。布教を続けるうちに多くの人が釈迦の教えに共鳴し、その弟子となって教団が拡大していった。釈迦の教団は四衆《ししゅ》から成り立っていた。四衆とは比丘《びく》（男性出家信者）・比丘尼《びくに》（女性出家信者）・優婆塞《うばそく》（男性在家信者）・優婆夷《うばい》（女性在家信者）、つまり出家の男女と在家の男女である。仏教教団では、出家と在家はそれぞれ存在形態や役割が違うものであると考えられていた。在家信者は、世俗の中で釈迦の教えを守る生活を送りつつ、衣食住の供養などによって出家信者たちの生活を物質的に支え（財施）、出家信者は彼らに教えを授けた（法施）。在家信者が目指すのは、功徳を積んで、死後に生天（天界に生まれかわること）することであった。

それに対して、出家信者は、一切の生産活動を離れ、厳しい戒律に従って修行に励んだ。その目標は、修行を積んで開悟成道して輪廻転生から解脱することである。彼らの生活は煩悩を離れることを目指した簡素なもので、所有していたのは三衣一鉢《さんねいっぱつ》をはじめとするごくわずかなものだけであった。三衣とは、説法や托鉢の時に着用する大衣（僧伽梨《そうぎゃり》）、上衣《じょうえ》（鬱多羅僧《うったらそう》）、下着である下衣《げえ》（安陀会《あんだえ》）であり、いずれも糞掃衣《ふんぞうえ》といって道に落ちているぼろ布などを綴り合せて着ることになっていた。また一鉢というのは、托鉢行の時に、食物を供養してもらうのに使用する鉢である。これらの他には坐具と漉水嚢《ろくすいのう》（水を漉《こ》し取る道具）の所有が許され、あわせて六物と言われた。食事は一日一回午前中のみであり、托鉢して在家信者からの供養を受けた。

釈迦を中心とした出家者集団は、雨季は一ヶ所にこもって瞑想修行を行い、乾季はガンジス河中流域地方を中心として一所不住の布教の旅を続けた。修行するための場所として当初は洞窟などが用いられたが、信者層が広がるにつれて精舎《しょうじゃ》と呼ばれる修行のための建物が在家信者から寄進された。中でもコーサラ国シュラーヴァスティ（舎衛城）郊外の祇園精舎やマガダ（摩掲陀）国郊外の竹林《ちくりん》精舎などが名高い。

釈迦の信者たちは、王侯貴族、大商人から犯罪者や遊女まで広く社会各層にわたり、その数は、ある試算によると出家在家あわせて一一六〇人（比丘八八六名、比丘尼一〇三名、優婆塞一二八名、優婆夷四三名）と言われている。出家した比丘や比丘尼は、出家以前の身分には関わりなく平等に扱われた。釈迦の教団では、法臘《ほうろう》（出家してからの年数）によって序列が決まり、出家以前の身分が高いものでも法臘の高いものの下位に置かれた。これは当時のカースト制のもとでは画期的なことであった。しかし、仏教はあくまでも出世間と世間、つまり聖と俗とを明確に分けた上で、出世間において身分制度を否定したのであり、世俗で行われている身分差別については特に積極的に反対したわけではなかった。

また、釈迦の教団は女性の出家を認めた世界初の教団であると言われている。当時のインドでは、女性は三従の教えを守るべき者とされており、未婚の時は父親に、結婚したら夫に、老いては息子に従わなければならないとされていた。しかし、仏教は女性が自らの主体的決断によって世俗を捨てて出家することを認めており、初期仏教の資料によれば女性出家者も修行して悟りを開いたということが分かっている。たとえば「長老尼偈」には「自分はすでに欲望を滅しつくして、解脱した。」という尼たちの言葉が記録されている。またギリシアの記録には、インドには女性哲学者がいて男性と対等に議論しているという言葉が残されているが、これは仏教の尼僧（比丘尼）を指していると思われる。ただ、後世には一般社会の男尊女卑の風潮が教団においても優勢となり、尼僧は常に男性僧侶を敬いこれに従うことを規定した八敬法《はちきょうほう》などが唱えられるようになったとされる。

釈迦の晩年と死

さて、釈迦の晩年には、釈迦にとって辛い三つの出来事があったと伝えられる。一つ目はデーバダッタ（提婆達《だいばだっ》多《た》）が教団を分裂させたこと、二つ目は出身部族である釈迦族がコーサラ国に攻められて滅亡したこと、三つ目は、シャーリプトラ（舎利弗《しゃりほつ》）やマウドガリヤーヤナ（目連《もくれん》）など厚く信頼していた愛弟子たちが釈迦よりも先に死んだことである。特に、釈迦族の滅亡に関して、釈迦は、いったんはそれを止めようとするが、釈迦族は前世において殺生を働いており宿業の罪は救い難いとして、最後には滅亡を容認したという。また、戦いの時、釈迦族は得意の弓矢を使って応戦するが決して人を殺傷せず、威嚇するだけだったので、結局は滅んでしまったとも伝えられている。仏教は、殺戮を伴う宗教戦争をほとんど起こさなかった平和的な宗教であると言われているが、不殺生を守って滅びていく開祖釈迦の一族の滅亡の物語は、仏教のそのような特徴をよく表わしていると言えよう。

さて、八〇歳になり、死期の迫っていることを感じ取った釈迦は、故郷の地、カピラヴァストゥ（迦毘羅城）を最期の地にしようと旅に出る。その途中、鍛冶工のチュンダが供養したキノコ（豚肉とも）を食べて食中毒にかかり衰弱するが、苦痛に耐えながら旅を続ける。この旅の間に釈迦は弟子たちに、いくつかの重要な教えを説く。その一つは、「師の握りこぶしの教えはない。」、つまり秘密の教えなどはなく、すべての教えは説かれたということである。当時のインドの他の宗教教団においては、師は教えの奥義を秘密にし、自分の一番弟子にのみそれを伝えて後継者にするということが広く行われていたが、釈迦は死を前にして、そのような奥義はないとした。つまり、弟子の誰かだけを特別扱いにしたりすることなく、一人一人を平等に釈迦は導いてきたのであり、釈迦の死後も、各々の機根にあわせて釈迦が示した教えを大切に、修行するようにという励ましでもある。

また、釈迦がいなくなったらどうしたらいいのかと惑い歎く弟子たちには、「法灯明、自灯明」の教えが説かれた。これは「法（真理）をたより（灯明、また島・洲とも）とし、自らをたよりとせよ。」という教えであり、釈迦に依存するのではなくて、自ら主体的に真理を目指して修行せよということを意味している。

そして臨終間近に示されたのは、「すべては無常である。怠ることなくつとめなさい。」という教えであった。時は迅速に流れ去るものであるから、今のこの時を大事に修行に励み悟りを開くようにという遺言である。釈迦の死とは、まさに無常を端的に示す事態であるが、その事態は「諸行無常」という真理の露呈であり、当然のこととして受け止めるべきである。この露呈された真理を目のあたりにして、自らもまた死を免れられない有限なる存在であることを深く自覚して修行に励み、涅槃という永遠の安らぎを体得するようにというのが、弟子たちへの釈迦の最期の言葉だったのである。

　これらの教えを説いたあとで、釈迦は、クシナガラ（狗尸那掲羅）の沙羅双樹の間に、静かに横たわり、弟子たちに看取られながら禅定の中で穏やかに入滅したと伝えられている。釈迦の遺体は在俗信者たちの手で火葬に付され、その遺骨（仏舎利）は八つに分けられ、灰もふくめて各地に持ち帰られた。仏舎利と呼ばれた遺骨はそれぞれの地でストゥーパ（卒塔婆＝塔）に祀られ、在俗信者によって礼拝された。

（3）釈迦の教え

　釈迦の教えは、経典に書き記されている。これは、一般に、釈迦の説法の座に同席した弟子たちが覚えていた釈迦の言葉を伝えたものとされている。経典の大部分が、「如是《にょぜ》我聞《がもん》」（かくの如く我聞けり　このように私は聞いた）から始まるのはそのためである。たとえば、『法華経』序品《じょほん》は、弟子中で多聞第一と呼ばれたアーナンダー（阿難陀）の次のような言葉から始まっている。「是の如く我聞けり。一時《あるとき》、仏、王舎城耆闍崛山《おうしゃじょうぎしゃくっせん》の中に住したまい、大比丘衆万二千人と倶《とも》なりき。」（以下に述べるように私は聞いた。或る時、釈迦牟尼仏は、王舎城の傍の耆闍崛山に居られ、僧侶たち一万二〇〇〇人と一緒であった。）ここでは、経典で語られる仏の言葉が、いつ、どこで、誰に対して向けられたものであるのかが明示されている。一般に、これらの明示を六事成就と言い、「是の如く」を信成就、「我聞けり」を聞成就、

「一時」を時成就、「仏」を主成就、「王舎城耆闍崛山の中に」を処成就、「大比丘衆万二千人と倶なりき」を衆成就と呼ぶ。これらの六つの条件を冒頭で示すことで、経典が釈迦の言葉であることを強調しているのである。

仏典結集

伝承によると、釈迦の死後まもなく、その教えが散逸しないように、また、教主亡き後の教団の統一をはかるために、マハーカーシャパ（摩訶迦葉《まかかしょう》）が中心となって王舎城の地に五〇〇人の弟子を集めた。彼らは一堂に会して、釈迦の従者として常に釈迦の説法の座にいたアーナンダーらの記憶暗誦した釈迦の教えと、ウパーリ（優波離《うばり》）が記憶暗誦した教団の規範とを、唱和して確認し、整理したと伝えられている。これを仏典結集と言う。（伝承によれば、その後、三回、結集が行われたという。）この釈迦の死の直後に行われた仏典結集で確認された教えそのものは現存してはいないが、短い詩句よりなる『ダンマパダ』（法句経）や『スッタニパータ』などには、その断片が含まれていると推定されている。両経はともに、パーリ語で書かれたものであるが、釈迦が使っていた古マガダ語の影響を残しているとされている。これら『ダンマパダ』や『スッタニパータ』をはじめとする初期経典から、釈迦や釈迦のあとを継いだ弟子たちによる原始仏教教団の教えが窺える。それらの教えは後に、「法数《ほっすう》」と呼ばれる簡単な数によってまとめ上げられた。以下、その基本的なものを挙げておこう。

四諦八正道

四諦八正道《したいはっしょうどう》とは、釈迦がその初転法輪において示したとされる教えであり、最も基本的な教えである。四諦の諦とは真理を意味する。具体的には、苦《く》諦、集《じっ》諦、滅《めっ》諦、道《どう》諦であり、苦に関するグループ・フレーズである。つまり、苦、苦の集（原因）、苦の滅、苦の滅に至る道を意味する。仏教では苦しみについて四苦（生《しょう》・老・病・死）や八苦（生・老・病・死・愛別離苦・怨憎会苦《おんぞうえく》・求不得苦《ぐふとくく》・五蘊盛苦《ごうんじょうく》）などを立て、人間の生は苦に満ちていると考える。悟りを開いて仏陀（覚者）にならない限りこの苦しみは果てしなく続くとされており、真理に目覚めて苦を脱却することが仏教の理想となる。苦を脱却するためには、その原因を知り、それを滅却する方法を知ることが重要であり、この四諦八正道とはそれを端的に語る教えである。

まず、第一の真理である苦諦とは、苦という真理ということで、この世のすべては苦しみであるということを意味する。これは、人間の生の根本的様相を表わしたものである。第二の真理である集諦とは、苦しみの原因という真理であり、苦の原因は決して満たされることのない欲望（煩悩）である。煩悩とは、人間の根本無明から生まれるものであり、すべては移り変わり消滅するものであるという実相としての無常を理解できず、物事に執着することから生まれる。このような煩悩に囚われている限り人間の苦しみは尽きないと仏教では教えるのである。第三の真理である滅諦とは、苦の滅という真理で、原因である煩悩を滅却すれば、苦しみも無くなるということである。第四の真理である道諦とは、煩悩を滅却する方法という真理ということで、具体的には正しい修行方法が八つ挙げられる。これが八正道である。

正見――物事を正しく見ることで、特に四諦を観じること
正思――貪瞋痴《とんじんち》の三毒を離れて心を正しく保ち働かせること
正語――嘘や中傷や卑しいことを言わず正しい言葉を使うこと
正業《しょうごう》――殺生、盗みをしたり、淫欲を起こしたりせず正しい行為を行うこと
正命《しょうみょう》――仏教教団の規律に従って正しい生活を送ること
正精進《しょうしょうじん》――すでに生じた悪を絶ち、まだ生じていない悪を起こさず、まだ生じていない善を起こし、すでに生じた善を大きくするなど（四正勤《ししょうごん》）、正しく努力すること

正念—身、受(感覚)、心、諸法(諸存在)について、それぞれ不浄、苦、無常、無我であることを観じ(身受心法の四念処)、それによって現実存在を常・楽・我・浄と見なす四顚倒《てんどう》を離れて正しく現実を捉えること
正定《しょうじょう》—正しい瞑想によって禅定を達成すること
この八つの修行方法の中で最も重要なのが正定、つまり正しい瞑想による精神集中である。禅定の三昧《ざんまい》境において智慧を体得することが可能となり、それ以外の項目も達成されるのであって、また、それらに伴われてこそ、瞑想も深化するとされた。

四法印

四法印とは、諸行無常《しょぎょうむじょう》、諸法無我《しょほうむが》、一切皆苦《いっさいかいく》、涅槃寂静《ねはんじゃくじょう》である。法印とは真理の印、教えの要約という意味である。

このうちの諸行無常とは、あらゆる現象は移り変わり、消滅変化するということを意味する。また、諸法無我の「法」とは、存在を意味する。法とは本来、「保つ」という語幹から成立した言葉であり、物事を成り立たせる真理、規範、因、またそれに基づく教えなどを意味していたが、仏教では、さらにそのような真理に基づいて成り立っている物事という意味で、存在をも意味するようになった。そして「我」というのは、仏教以前のウパニシャッド哲学などで主張された永遠不滅の本質であるアートマンである。このアートマンは人間の肉体に宿った不滅の魂であると考えられていた。仏教ではすべてのものを無常とする立場から、存在の中に永遠不滅の本質があるという考え方を否定したのである。

次の一切皆苦というのは、迷いの生存におけるすべては苦しみであるということであり、涅槃寂静とは、迷い苦しみが消えれば静かな安らぎの境地に至れるということである。

仏教においては、先述のように世俗日常の世界は苦しみの世界に他ならないと捉える。なぜ苦しみが生まれるのかというと、それはすべては移り変わり（諸行無常）、存在は様々な関係性の中で仮にそのようなものとして存在している（縁起）に過ぎず永遠不滅な実体ではない（諸法無我）にもかかわらず、人間はそれを無視して、あたかも存在が永続するものであるかのように執着するからなのである。存在の無常性、無我性を自覚せず存在に固執することはまさに無明による煩悩である。このような煩悩に駆り立てられて、本来、固定的実体ではなく、その意味でそもそも手にいれることができないものを手にいれようと迷い執着するから、苦しみが生まれるのである（一切皆苦）。この苦しみを取り除くことで、人間はあらゆる煩悩から解放された涅槃の境地に達することができる（涅槃寂静）と仏教では説くのである。

そして、ここで言う涅槃とは、先述した言語化不可能な真理であると解することも可能である。迷い苦しみの状態とは、素朴実在論的に、言語に対応して何らかの不変の実体を想定し、それを固定化して執着するあり方である。そこでは言語化不可能な真理そのものの次元は無視され、言語とは言語化され得ないものをあえて分節化することによって初めて成立するものであることが、忘却されてしまっている。人間の現実とはまさにこの忘却による迷苦に他ならない。この状態から脱出するためには、言語化不可能な真理を自ら体得するしかないと仏教は説くのだ。

第3章　初期仏教（原始仏教）と部派仏教

（1）　初期仏教

戒・定・慧

釈迦在世時代と弟子らが活躍したそれに続く約一〇〇年の仏教を、初期仏教、原始仏教、根本仏教などと呼ぶ。当時の仏教教団では、三学（戒・定・慧）の修行が行われていた。まず、「戒」とは戒律のことである。中国や日本においては「戒律」と一つの熟語にして両者を区別しないが、正確には、戒（śīla）と律（vinaya）は別のものである。戒とは、よい習慣、よい行為を意味し、善行を積み重ねることで得られる善行をなす習慣力、修行規則を守ろうとする自律的精神である。他方、律とは、矯正を意味し、修行者個人が守るべき具体的な規則と僧伽運営の規則である羯磨《こんま》から成る。律は、釈迦が「随犯随制」、つまり、不適切な行為をした弟子が出た時それをたしなめ今後行わないようにと禁止を提案し合議によって定めた事項を集めたものとされる。僧伽の修行者たちは他律的な規則に単に外面的に従うのではなくて、自律的精神をもって規範を内面化すべきであるとされ、その結果、戒と律を一体のものとして扱う「戒律」という呼称が生じ、両者を区別せず用いるようになったものと考えられる。三学の第一に戒が挙げられていることからも分かるように、戒律を守って修行生活をすることは修行者に求められる基本事項であり、もし、戒律に違反した場合には、罪状に応じて様々な罰が科せられた。罰則については、戒律を列記した波羅提木叉《はらだいもくしゃ》（戒本）に、波羅夷《はらい》（教団追放）から悪作《あくさ》（心の中で懺悔《さんげ》）まで詳しく規定されている。

僧たちは、戒律を守り、止悪修善《しあくしゅぜん》の生活を続けることで心の安定と清浄を保ち、さらに瞑想修行を行った。瞑想の対象は、四諦や縁起、四念処などが代表的なものである。四諦についてはすでに述べたので、ここでは、縁起と四念処について説明する。まず、縁起とは仏教の中心概念の一つであり、すべての物事は種々の因（直接原因）や縁（間接原因）によって生じるという考え方である。後の大乗仏教の時代になると、縁起概念は、空思想と結び付き、悟りの世界もふくめてあらゆる事柄の成り立ちを説明するものとなるが、初期仏教の時代の縁起説は、衆生の苦悩の成り立ちの説明に特化したものであった。種々の縁起説が立てられたうちで、最も整備されているのが十二縁起説である。これは、生きとし生けるものの苦しみの根源を無明に求めるものである。修行者は、十二支（無明《むみょう》・行《ぎょう》・識・名色《みょうしき》・六処・触《そく》・受・愛・取・有《う》・生《しょう》・老死）のそれぞれの項目を順観や逆観によってたどりつつ、どのような次第で無明から苦が生まれるのか、またどうすれば苦が滅するのかを観察するのである。また初心者が行うとされた四念処では、心の無常性、感覚の苦性、諸存在の無我性、身体の不浄性を観察し、常・楽・我・浄の四顛倒を打破することが目指された。特に、身体の不浄性を理解、体得するために、実際に墓地に赴き死者の体が腐敗していく有様を目のあたりにする修行も行われた。以上のような観察によって達成される揺るぎのない精神集中が、「定」（禅定）である。そしてこのような「定」において真理を体得することが、三学の最後に置かれた「慧」である。「智慧」を得ることで、修行者は解脱できるとされるのである。

一二縁起（一二因縁）

①無明（真理に対する根源的無知）②行（潜在的形成力）③識（識別作用）④名色（名称と形態）⑤六処（六入、眼耳鼻舌身意）⑥触（接触）⑦受（感受作用）⑧愛（渇愛、妄執）⑨取（執着）⑩有（生存）⑪生（生まれること）⑫老死（老い死んでいくという人間の迷苦の現実）

①が生起すれば⑫まで順次生起するという観察を順観（流転《るてん》縁起）とし、反対に、①が消滅すれば⑫まで順次消滅するという観察を逆観（還滅《げんめつ》縁起）と呼ぶ。なお後の部派仏教の説一切有部では胎生学的解釈と呼ばれる三世両重の因果として説明を行った。それによると、①②が過去世の因であり、母体に宿る最初の一念である③から始まり⑩までが現在の果にして未来の因であり、⑪⑫が未来の果である。

（2）部派仏教

経・律・論

仏教の教線がインド各地に拡大するにつれて、戒律を厳密に守ろうとする上層部の保守派（上座部）に対して、弾力的な運用を主張する進歩派（大衆部《だいしゅぶ》）との間に亀裂が生まれ、遂に両者は決別し（根本分裂）、さらにその後一〇〇年の間にそれぞれ分裂し（枝末分裂）、俗に小乗二〇部と言われる諸部派が成立した。この時代の仏教を、部派仏教と呼ぶ。部派の一つである上座部は、東南アジアに伝わり、現在でも広く信仰されている。

この部派仏教の時代に、仏教の教理学が発達し経典が整備された。各部派は、自らの正統性を強調するために、これまで口承で伝えてきた釈迦の教えや、釈迦の定めたとされる僧伽の規則を、「経」と「律」として成文化した。

「経」のサンスクリット語原語は縦糸を意味するスートラ（sūtra）で、教えを貫く基本線という意味である。この時代に編纂され成文化された経典を特に「阿含《あごん》」（āgama 伝承された教えを意味する）経典と総称している。阿含経典は、釈迦の教えを比較的よく保存している重要なものであるが、中国や日本では大乗仏教が優勢であったため、いわゆる小乗の教えとして軽視されてきた。しかし、近代以降、西洋の文献学的な仏教研究の影響を受け、原始仏教研究が盛んになるにつれて日本でも阿含経典の重要性が認識され、種々の研究が行われている。

「律」は、「取り除く」「教育する」を原義とし、出家者からなる教団（僧伽）における具体的な生活規範である。出家に際しては、男性出家者には二五〇戒（戒と言い慣わすが前述のように正確には律である）、女性出家者には三四八戒を具足戒として課し、三師七証（儀式を執行する戒和上《かいわじょう》・羯磨《こんま》師・教授師と儀式を見届ける七人以上の僧侶）の前で戒の遵守を誓わせた。

各部派は、経や律に対する注釈研究を盛んに行った。経に対する注釈研究を「論」と言う。これらの論は精緻を極めたもので、中世キリスト教のスコラ学に匹敵するとも言われている。部派仏教の異名であるアビダルマ（abhidharma 直訳すると対法・勝法で、真理についての研究を意味する）とは、この論を指す。論の成立をもって経蔵・律蔵・論蔵からなる三蔵（tri-piṭaka）が完成する。蔵とは教えを入れておく籠（piṭaka）のことである。

第4章　大乗仏教

(1) 大乗仏教の起源

西暦紀元前後にインドに興起した改革派の仏教を大乗仏教と呼ぶ。大乗仏教の担い手は、在家信者とそれを指導する出家者であったが、その成立の事情については不明な点が多い。平川彰によって唱えられた仏塔崇拝説では、釈迦の遺骨を納めたストゥーパ(塔)の周りに釈迦を讃仰する人々が集まるようになり、その間で生まれた一種の仏教改革運動が大乗仏教であったとされる。また、大衆部の中で釈迦を超人的な存在として讃仰したり、現在仏を立てたりする動きが活発であったことから、大衆部を母胎として大乗仏教が生まれたとする説も根強い。また、同時期、ヴィシュヌ神への帰依と救済を主張したヒンドゥー教の影響も指摘されているが、いずれにしても、現在のところ、起源については確定的なことは分かっていない。

ただ、確かなことは、紀元一世紀に成立した般若経典の中で、改革派仏教徒らが、自らの集団を大乗(mahāyāna)すなわち大きな教えの乗り物と称し、先行する部派仏教、とりわけ説一切有部を小乗(hīnayāna)すなわち小さな乗り物と貶称したということである。彼ら大乗の徒は、先行する部派仏教が、出家者中心であり、山奥の僧院に籠もり自らの悟りを求める修行と教理研究に専心する姿勢に疑問を投げかけ、人々の中にあって積極的に働きかけることを重んじた。また、自らを自己の悟りを求めるとともに他者をも悟りへと導く、自利利他を具えた大乗とし、先行する部派仏教を自利のみに専心する狭量な小乗であると批判した。そして、自ら開悟成道することを目指すとともに、さらには、それに優先させて他者を悟りへと導く理想的な修行者を菩薩と呼んだ。

(2) 菩　薩

大乗仏教徒が理想とした菩薩とは菩提薩埵《ぼだいさった》(bodhisattva)の略称である。この言葉は、文字通りには、「ボーディ」(悟り)を求める「サットバ」(衆生《しゅじょう》)を意味する。本来は、仏伝において成道以前の釈迦を指す呼称であり、また、釈迦の前生譚《ぜんしょうたん》(jātaka 本生譚、前三～前二世紀成立)で語られる釈迦の前身の呼称でもあった。前生譚によれば、釈迦は現生において成道を成し遂げるまで、神や人間や動物として無数の生死を繰り返し、その生涯において善行をなし功徳を積み続けたという。その期間は三阿僧祇劫(一阿僧祇は一〇の五六乗とも一四〇乗とも言われる)という途方もない期間だったとされる。釈迦が前生において菩薩であった時の物語は様々で、現存のパーリ語本では五四七話あるとされている。一例を挙げれば、法隆寺の玉虫厨子に描かれている、次のような「捨身飼虎《しゃしんしこ》」の物語である。

過去世において、摩訶薩埵《まかさった》王子が兄たちと散歩をしていたところ、竹林で飢えた母虎と七匹の生まれたばかりの子供の虎を見た。このままでは母虎が子供を食べてしまうだろうと恐れた王子は、「この不浄の身を捨てて虎の親子のために施し、功徳を積んで、無上の法身を得て、衆生を済度しよう。」という願を立てて捨身行をなすことを決意した。王子は兄を先に返し、竹に衣をかけると高所から虎の前に身を投げた。引き返してきた兄たちは、骨だけが残っているのを見て嘆き悲

しみ、その骨を収めて七宝塔を建立した。この王子は前世の釈迦であった。（『金光明経捨身品』による）

他にも、前生譚（ジャータカ）として、鷹に狙われた鳩の代わりに自分の体から肉を与えた尸毘《しび》王の物語や、神を供養するために自らの肉を捧げた月の兎の物語などがよく知られている。これらの前生譚においては、他者への慈悲の実践として過激な捨身行が語られている。このような慈悲行の物語を通して打ち出される菩薩像とは、自らの身を捨て利他行をなす者である。菩薩にあっては、自己と他者とは別個のものではなく、密接に結び合うが故に、他者の喜びは自己の喜びとなり、他者の苦しみは自己の苦しみとなる（慈悲）。

このような前生譚において発達した菩薩概念を受けて、大乗仏教では、他者救済を行う修行者を菩薩と呼ぶようになった。その具体的活動は、布施《ふせ》・持戒・忍辱《にんにく》・精進《しょうじん》・禅定・智慧（般若）の六波羅蜜（pāramitā 完成）である。原始仏教から部派仏教にかけて主張された八正道（正見、正思、正語、正業、正命、正精進、正念、正定）が基本的にはすべて自利であるのに対して、六波羅蜜のうちの、他者に与える布施と、他者からの迫害を耐え忍ぶ忍辱は利他にあたる。利他行をなす菩薩は、自らが修行を開始するにあたって「誓願」を立てる。そして、様々な功徳を積み、それを他者に差し向け、他者を救済する。仏教では、自業自得の因果応報説が基本ではあるが、大乗仏教においては、自己の積んだ功徳を他者に廻《めぐ》らす利他行としての廻向《えこう》が重視された。菩薩は「自未得度、先度他」（自分が悟る前に他者を悟らせよう）という見地から、あえて、成仏せず、無限に利他行を行う。このような菩薩像を支える世界観こそが、大乗仏教の思想的基盤をなす空——縁起思想なのである。

（3）空―縁起の思想

大乗仏教では、その世界観、人間観、倫理観の基盤として、「空」（śūnya）と「縁起」（pratītya-samutpāda）とが唱えられる。空というと単なる虚無と誤解されがちであるが、決してそのようなものではない。「空」というのは、執着すべき永遠不滅の実体はないということである。これは、初期（原始）仏教の無我の教えをさらに展開したものである。たとえば、最古の経典の一つである『スッタニパータ』では、「自我に執する見解を除いて、世間を空と観察せよ。」（一一一九）と言われ、自己に対する執着を捨てることによって、「空」を（瞑想のうちに）観察せよと述べられている。このことが示すように、自分を含めて世界のありとあらゆるものは、個別的、固定的、独立的なものとしてあるわけではないということは、初期仏教以来、仏教の基本的教理として繰り返し説かれたところである。

さて、大乗仏教の初期に成立した般若経典の中では、般若の智慧を体得することが唱えられた。般若の智慧とは、ありとあらゆるものに対する無執着、すなわち、「空」である。このような「空」を強調したのは、部派仏教が詳細な法（存在）の分析を行った結果、法を要素として実体化し、そこに本質を想定して「法有」を唱えたことに対する批判のためであった。

さらに、龍樹（Nāgārjuna 一五〇頃～二五〇頃）は、「空」を哲学的に深め伝統的な縁起説を用いて説明した。それによると、あらゆるものは、実体を欠くが故に「空」である、しかし、「空」であるとは言っても、現に、事物事象は成立している。ではどのように成立しているのかというと、それは一言で言えば、「縁起」、すなわち、お互いに関係し合いながら成立しているのである。自己と他者とはそれぞれ相互に結び付き合いながら関係的に成立し、今、ここで、このようなものとして成り立っている。縁起を定式化した「これある時には彼はあり、これがない時には彼はない。」という言葉は、まさに、空を端的に表現している。

龍樹は、このような「空」として物事が成り立っていることを理解することによって、事物の実体化を前提とする執着、煩悩を離れることが可能であるとした。実体化は、人が言葉の恒常性を、言葉が指示するものへと投影し、それをも恒常的なるものだと錯誤することに淵源する。そのことに気付き、戯論《けろん》を鎮めることが空を説くことの目的である。人間が自らの生活の必要に応じて、言葉によって世界を分節化することそれ自体を仏教は否定するわけではないが、分節化によってそのものとして仮に成り立っているに過ぎない事物事象を、実体化し執着することは厳しく否定するのである。

そして、「縁起」としての「空」の理解を媒介として、大乗仏教では、「一即一切、一切即一」が盛んに主張されるようになる。一つのものが成立するためには他のあらゆるものが関わり、全体が成立するためには、一つが不可欠であり、全体を成立させているという観点から、すべてのものは無差別《むしゃべつ》平等なのである。そしてこの「一」と「一切」との一体性は、全体が個物へと展開し、さらに個物が全体へと還帰するという、「空が空じる」力動としても表現されるのである。

さらに、自他の関係も、このような「空―縁起」「一即一切、一切即一」という観点から理解される。自己と他者とは、それぞれ相互に結び付き合いながら、今、ここで、このようなものとして、互いに支え合い、等しい者として成り立っている。このような関係的成立の存在論から、自他の相互扶助の倫理観が生まれる。また、大乗仏教で強調される慈悲や布施の根柢にも、この「空―縁起」の思想がある。自他が一如であるということが強く意識されるからこそ、他者の喜びを自己の喜びとし、他者の悲しみを自己の悲しみとする慈悲や他者への奉仕が可能となり、究極的には、自他がともに成仏するという「共同成仏」が目指されるのである。

（4）仏身論

釈迦入滅は、仏の本質を考える契機となった。弟子たちの間では、肉体としての釈迦（色身《しきしん》）は滅んだが、釈迦の本質（＝真理、法身《ほっしん》と呼ぶ）は永遠不滅であるという考え方が生まれた。これが仏身論の出発点である。この不滅の本質とは、釈迦がその悟りの瞬間に体得した真理であり、時間空間的に不変の、絶対的なものであるとされた。そして、この真理の人格的現われが釈迦であると考えられたのである。この仏身論は、大乗仏教においてさらに発展を遂げた。その代表的なものが三身説である。三身とは、宇宙に遍満する真理の当体であり、人格性を持たない法身、菩薩が発願して修行しその果報として開悟し仏身を得た報身（阿弥陀仏や薬師仏など）、衆生の機根に応じて様々な形で現われ衆生を教化する応化身（三三身を持つ観音など）からなる。また、応化身を応身と化身に分けて、仏の姿をとる応身に対して、化身の方は、天や畜生など、仏以外の様々な姿をとるとも考えられた。本地垂迹説において、インドの本地仏が垂迹したとされたわが国の神々も化身の一種である。このような本質たる抽象的真理とその具体的な現われという枠組みは、「空が空じる」という「空―縁起」の力動によって支えられている。そして、仏身論を背景として、大乗仏教では、全世界に仏が遍満するという十方遍満仏思想や過去、現在、未来の三世《さんぜ》の諸仏という考え方が生まれ、多様な仏陀観が成立したのである。

以上のような仏身論の展開に伴って、大乗仏教では、報身、応化身である諸仏に対する信仰が盛んになった。ここでは仏は救済者として神格化される。元来、仏教では、仏の教えに従い自らも成仏することが目指されるのであるが、そのような修行が可能なのはごく少数の限られた人々であり、在家信者を中心に仏への帰依が広まったのである。

(5) 仏　性

さて、大乗仏教では、仏の本質たる永遠の真理を、衆生の一人一人が宿すと考えた。衆生に宿された仏の本質を、如来蔵《にょらいぞう》(tathāgata-garbha)とも仏性《ぶっしょう》(buddha-dhātu)とも言う。一切衆生がこの如来蔵(仏性)を宿すが故に、修行すれば悟ることができるというのが、大乗仏教の基本的な考え方である。

インドにおいては、『如来蔵経』『勝鬘経《しょうまんぎょう》』『涅槃経《ねはんぎょう》』などの如来蔵経典と呼ばれる一連の経典が作成されたが、中でも如来蔵思想を集大成し体系化した代表的論書が『宝性論《ほうしょうろん》』である。ここで注目されるのは、「有垢真如に関して、一切衆生が如来蔵を有する。」という命題の三義を説く如来蔵章・一切衆生有如来蔵品第五の冒頭である。ここでは、有垢《うく》真如(衆生の体性である、煩悩に穢れた真如のことで、諸仏の自性である無垢真如と対する)に関して、衆生が如来蔵を有する(=「悉有仏性《しつうぶっしょう》」)である理由について、以下のような三つの観点から説明される。

① 衆生が、如来の智慧の中に入っているから「如来蔵」を有する。
② 本来、清浄である真如は、衆生にも、如来にも平等不二であるから、「如来蔵」を有する。
③ 如来の種姓《しゅしょう》においてその果が仮説されるから、「如来蔵」を有する。

まず、①についてであるが、『宝性論』によれば、衆生が如来の智慧の中に入っているということは、如来の智慧の働きが遍満し、如来の智慧による言葉が、常に衆生に語りかけていることである。②は、如来と衆生の真如における平等性を主張するものである。「真如」とは、「縁起の如くなるあるがまま」「本性清浄」「本性空」である。『宝性論』では「真如」であるということについて、如来と衆生には違いはないとする。後に生じた仏性論争では、すべての衆生に仏性があるかどうかの「無差別性」が問題となったのであるが、『宝性論』では、仏性という観点から如来と衆生との無差別性が説かれている。如来とは「無垢の真如」であり、衆生とは「有垢の真如」であるが、両者ともに「真如」である点で平等であり、このことを「如来蔵」を有するというのである。さらに、③では「如来の種姓」を、成仏という果を先取りして説くもの（その果が仮説される）として捉える。「如来の種姓」とは、仏の家の出身者ということであり、『宝性論』では、この「種姓」について、「本性住の種姓」と「修得完成された種姓」の二面から説明する。「本性住の種姓」とは、真如そのもの、法身としての種姓である。他方、「修得完成された種姓」とは、真如そのもの（本性住の種姓）によって働きかけられた衆生が修証をなし、その修証によって保たれる種姓である。このように、『宝性論』によると、一切衆生が「如来蔵」を有するということは、衆生が如来と「真如」（空—縁起）において平等であり、衆生は、遍満する如来から等流《とうる》（必然的展開）した教法によって働きかけられ、それに応えて修証する存在であるということである。

この仏性思想に対しては、当初から、アートマン説と類似した異端説ではないかという批判が投げかけられてきた。しかし、『宝性論』に即して述べてきたように、仏性があるというのは、決して実体的な何かが所有されているということではなくて、如来の智恵と慈悲の無限の時空に渡る働き、すなわち、衆生を悟りへと転換させる力が衆生に働いているということなのである。それを踏まえれば、仏性説は誤解され易い面を持つとはいえ、それ自体は、仏教の根本教説である無我や空—縁起の考え方と矛盾するものではないと言える。

（6）大乗仏教の諸経典

大乗仏教では、様々な経典が作成された。そもそも経典とは、その冒頭が、阿難陀や舎利弗による「如是我聞」（かくの如く我聞けり）という言葉から始まっていることからも分かるように、弟子たちが自分の耳で直接に聞いた釈迦の説法を人々に伝えるというかたちで書かれている。この点からすれば、釈迦の滅後、数百年以上もたってから成立した大乗経典は、どう考えても釈迦の直説ではないことは明らかである。しかし、それに先立つ部派仏教の経典にしても、釈迦の教えを比較的よく残しているとは言え、たとえばその最初期のものである『スッタニパータ』ですら、歴史上の釈迦の言葉そのもの（金《こん》口《く》直《じき》説《せつ》）はごくわずか含まれているに過ぎない。だから大乗仏典のみを「大乗非仏説」として切り捨てて済ませることはできないであろう。最古の仏典ですら、ほとんど「非仏説」なのである。むしろ重要なのは、大乗仏教の担い手たちは、自分たちの独自の問題意識と時代的要請のもとで、釈迦の教えを受け止め深化、発展させ、それを仏説というかたちで書き残したということであろう。つまり、大乗仏教の経典の中に釈迦の精神が生き生きと働いているということに目を向けるべきなのである。ここで注意しておきたいのは、時代の要請を受けとめ大乗経典が作成されたといっても、それが意図的に「捏造」されたということを意味しないということである。大乗経典の言葉は、瞑想の三昧の中で実際に仏に出会い、仏の言葉を感得したという体験を踏まえて書かれたものと推定されているからである。その意味で、日常を超えた超越的次元から与えられた言語なのである。以下、代表的な大乗経典について、日本仏教への影響という観点から漢訳を用いて、時代別に瞥見しておこう。

1　初期大乗経典（紀元前後〜三世紀）

初期大乗経典として最初に成立したのは般若経典である。初めて「大乗」（Mahāyāna）を宣言した般若経典は、空の思想（存在論としては実体論的志向の否定、実践論としては妄執からの解脱）を説き、その後の大乗仏教の思想的展開の基盤となった。般若経典としては、『般若心経』がよく知られているが、他にも『道行《どうぎょう》般若経』『小品般若経』『八千頌般若』『二万五千頌般若』『金剛般若経』など膨大な量の経典群が存在し、それらを集大成した『大般若経』六〇〇巻は、玄奘最晩年の翻訳であり、すべての経典の中でずば抜けて量が多いことで知られている。これらの般若経典群は、約六〇〇年以上にわたって増広されたと考えられているが、その原型は、紀元前後頃の成立とされている。

初期大乗経典として後世に大きな影響を与えたものとしては、他に『法華経』『華厳経』『維摩《ゆいま》経』『無量寿経』『宝積《ほうしゃく》経』『阿弥陀経』『首楞厳三昧《しゅりょうごんざんまい》経』『般舟《はんじゅ》三昧経』などがある。そして、これらの初期経典の思想的基盤をなす空の思想を理論的にまとめて体系化した論が、龍樹（一五〇頃〜二五〇頃）による『中論』である。この論を中心として後に中観派と呼ばれる学派が形成された。以下、代表的な初期大乗仏教の経論の一節をいくつか引用しておく。

①『般若心経』

大乗仏教の基本思想を説く膨大な量の般若経典のエッセンスをわずか二六二文字に凝縮したのが般若心経である。鳩摩羅什《くまらじゅう》訳など数種の漢訳があるが、最もよく知られているのが玄奘訳（六四九年）であり、日本でも広く読誦や写経に用いられている。内容としては、まず、第一段階として、存在の本性が永遠不滅の実体であるという考え方を、存在が五蘊という構成要素から成立していることを示して否定し、さらに、第二段階として、その五蘊のそれぞれも実体を持たずに「空」であるとする。そして、「空」であるからこそ、関係的成立という「縁起」も成り立ち、われわれの眼前の世界が立ち現われていると主張する。存在の本性を永遠不滅の実体とする考え方は、当時、仏教と競合していたインド諸思想の基本的思惟様式であり、また、世俗世界における人間の二元的主客対立的思惟方法もこのような見方と親和的である。「空」思想は、そのような存在を実体化する考え方から、執着としての煩悩、そして、そこから派生する迷苦が生まれるとして、考え方それ自体の転換を訴えているのである。

また、経の最後の部分で「大神咒《だいしんしゅ》」「大明咒《だいみょうしゅ》」など「咒」という言葉が連ねられ、最後に「掲帝《ぎゃてい》、掲帝〜」という真言（マントラ、仏菩薩の教えを象徴する真実の言葉）が挙げられていることからも分かるように、誦唱をはじめとする真言を用いた修行を通じて、このような認識の転換それ自体が達成されると期待されていたのである。なお、本経では、誰が何時どこで誰に対して説いたのかが明示されていないが、これはより長い経典の一部が独立したためであろうと推定されている。

漢文原文

観自在菩薩《かんじざいぼさつ》。行深般若波羅蜜多時《ぎょうじんはんにゃはらみったじ》。照見五蘊皆空《しょうけんごおんかいくう》。度一切苦厄《どいっさいくやく》。舎利子《しゃりし》。色不異空《しきふいくう》。空不異色《くうふいしき》。色即是空《しきそくぜくう》。空即是色《くうそくぜしき》。受想行識亦復如是《じゅそうぎょうしきやくぶにょぜ》。舎利子《しゃりし》。是諸法空相《ぜしょほうくうそう》。不生不滅《ふしょうふめつ》。不垢不浄《ふくふじょう》。不増不減《ふぞうふげん》。是故空中《ぜこくうちゅう》。無色《むしき》。無受想行識《むじゅそうぎょうしき》。無眼耳鼻舌身意《むげんにびぜつしんい》。無色声香味触法《むしきしょうこうみそくほう》。無眼界《むげんかい》。乃至無意識界《ないしむいしきかい》。無無明《むむみょう》。亦無無明尽《やくむむみょうじん》。乃至無老死《ないしむろうし》。亦無老死尽《やくむろうしじん》。無苦集滅道《むくしゅうめつどう》。無智亦無得《むちやくむとく》。以無所得故《いむしょとくこ》。菩提薩埵《ぼだいさった》。依般若波羅蜜多故《えはんにゃはらみったこ》。心無罣礙《しんむけいげ》。無罣礙故《むけいげこ》。無有恐怖《むうくふ》。遠離一切顚倒夢想《おんりいっさいてんどうむそう》。究竟涅槃《くきょうねはん》。三世諸仏《さんぜしょぶつ》。依般若波羅蜜多故《えはんにゃはらみったこ》。得阿耨多羅三藐三菩提《とくあのくたらさんみゃくさんぼだい》。故知般若波羅蜜多《こちはんにゃはらみった》。是大神咒《ぜだいしんしゅ》。是大明咒《ぜだいみょうしゅ》。是無上咒《ぜむじょうしゅ》。是無等等咒《ぜむとうどうしゅ》。能除一切苦《のうじょいっさいく》。真実不虚故《しんじつふこ》。説般若波羅蜜多咒《せつはんにゃはらみったしゅ》。即説咒曰《そくせつしゅわつ》。
掲帝《ぎゃてい》。掲帝《ぎゃてい》。波羅掲帝《はらぎゃてい》。波羅僧掲帝《はらそうぎゃてい》。菩提薩莎訶《ぼじそわか》。般若波羅蜜多心経《はんにゃはらみったしんきょう》

読み下し

観自在菩薩、深般若波羅蜜多を行じし時、五蘊皆空なりと照見して、一切の苦厄を度したまえり。舎利子よ、色は空に異ならず、空は色に異ならず。色はすなわちこれ空、空はすなわちこれ色なり。受・想・行・識もまたまたかくのごとし。舎利子よ、この諸法は空相にして、生ぜず、滅せず、垢つかず、浄からず、増さず、減らず、この故に、

空の中には色も無く、受も想も行も識もなく、眼も耳も鼻も舌も身も意もなく、色も声も香も味も触も法もなし。眼界もなく、乃至意識界もない。無明もなく、また無明の尽くることもなし。乃至老も死もなく、また老と死の尽くることもなし。苦も集も滅も道もなく、智もなく、また得もない。得る所なきを以ての故に。菩提薩埵は、般若波羅蜜多に依るが故に。心に罣礙なし。罣礙なきが故に、恐怖あることなく、一切の顚倒夢想を遠離して、涅槃を究竟す。三世の諸仏も般若波羅蜜多に依るが故に、阿耨多羅三藐三菩提を得たまえり。故に知るべし、般若波羅蜜多はこれ大神咒なり。これ大明咒なり。これ無上咒なり。これ無等等咒なり。よく一切の苦を除き、真実にして虚ならざるが故に。般若波羅蜜多の咒を説く。すなわち咒を説いて曰く、

掲帝、掲帝、波羅掲帝、波羅僧掲帝、菩提薩莎訶（ギャテイ、ギャテイ、ハラギャテイ、ハラソウギャテイ、ボジソワカ）。

般若波羅蜜多心経

現代語訳

観自在菩薩（観音菩薩）が、深遠なる般若波羅蜜多（智慧の完成）を修行していた時、人間を構成している要素である五蘊はすべてその本性において「空」であることを見極め、これによって（観自在菩薩は）すべての苦しみから解放され、他者を苦しみから解放したのである。舎利弗（シャーリプトラ、釈迦の十大弟子の一人）よ、（五蘊の第一である）物質は実体なく関係的に成立している（縁起）という意味において「空」なのであり、「空」であるが故に物質として成立する。物質は「空」であり、「空」であるが故に物質たり得る。（五蘊の第二以下である）感覚も表象も意志や認識も、また全く同様である。舎利弗よ、この世のすべての存在は、「空」という特性を持ち、生じたということもなく滅したということもなく、汚れたものでもなく浄らかなものでもなく、増えることもなく減ることもない。それ故に、「空」の立場からするならば、（不変不滅の実体としての）物質もなく、感覚・表象・意志・認識もない。眼・耳・鼻・舌・身体・意識なく、形・音・香・味・触覚・意識対象としての不変の存在も無い。眼で見られる領域から始まって意識される領域に至るまでないのである。煩悩の根本原因であり存在に執着する「無明」もなく、（そもそも「無明」そのものがないのだから）「無明」がなくなるということもない。および老も死もなく、老いと死とがないということもない。（四諦、すなわち）一切皆苦という真理・苦の原因という真理・苦の滅という真理・苦の滅に至る道という真理もなく、知

ることもなくまた得ることもない。そもそも得られるもの自体がないからである。大乗の修行者である菩薩は、般若波羅蜜多（智慧の完成）によっているから心にわだかまりがない。心にわだかまりがないから、心に恐れがなく、すべての誤った考え方や妄想から遠く離れ、解脱の境地へと至るのである。過去・現在・未来の諸の覚者（仏）も、般若波羅蜜多によって、究極の悟りを体得したのである。それ故に知るがよい。般若波羅蜜多とは大いなる真言であることを。大いなる悟りの真言であることを。無上の真言であることを。無比の真言であることを。（この真言は）一切の苦を除くことができ、真実であって偽りでないから、般若波羅蜜多の真言を説こう。その真言とは次の通りだ。

Gate Gate Pāragate Pāra-saṃgate Bodhi Svāhā（往ける者よ、往ける者よ、彼岸に往ける者よ、彼岸に全く往ける者よ、さとりよ、幸あれ。）般若波羅蜜多心経

②『法華経』

『法華経』は、紀元五〇年頃から一五〇年頃に成立し、中国で翻訳された。三種類の漢訳が知られているが、正確で流麗な訳文で知られる鳩摩羅什《くまらじゅう》訳『妙法蓮華経』（八巻二八品、四〇六年成立）が、専ら用いられている。『法華経』は、アジア諸国を通じて広く信奉され、日本の仏教思想にも大きな影響を与えた。『法華義疏《ほっけぎしょ》』を著した聖徳太子から始まって（ただし偽作説がある）、最澄、道元、日蓮、白隠など多くの仏教思想家が法華経に基づいて自己の思想を展開している。また、法華経を講説する法会《ほうえ》が催されたり、その受持の功徳が喧伝され、『法華験記《げんき》』などが編まれた。

内容については、伝統的に、前半と後半に分けて考えられている（天台智顗『法華玄義《げんぎ》』）。つまり、安楽行品第一四までを迹門《しゃくもん》と言い、方便品第二を中心として一仏乗の統一的真理と二乗作仏（声聞や縁覚など小乗の徒も成仏可能）が説かれる。従地涌出品《じゅうじゆじゅっぽん》第一五以降を本門と言い、如来寿量品第一六を中心として、仏の久遠実成《くおんじつじょう》が説かれる。ま

た、法師品第十から嘱累品第二二までは、菩薩行の重要性を説く。ここでは、前半一四章の迹門（仏の救いの有様を現わす部門）からは方便品と譬喩品を、後半一四章の本門（根源的仏を明かす部門）からは如来寿量品の自我偈と呼ばれる一節と普門品とを挙げた。まず、方便品では、あらゆる衆生を成仏へと導くことを説く法華一乗思想を背景として、ただ仏と仏のみが（唯仏与仏《ゆいぶつよぶつ》）、諸存在の本然の姿（諸法実相）として究極的真理を捉え得ると説く。そして、すべての衆生を等しく悟りへと導いて救うにあたっては、衆生の能力は様々であり、同じ教えでは導き切れないので、衆生の機根に合わせて様々な教えを方便として立てるべきだと説く。一乗思想では、いわゆる小乗の徒とされる声聞（釈迦の声を実際に聞いて修行する者）や縁覚（一人で修行する者）までもが、仏が設けた巧みな方便によって、究極的真理へと導かれると主張されるのである。

仏の教化の方便として『法華経』で多用されるのが比喩である。『法華経』では、十喩と呼ばれる多様な比喩が語られるが、中でも、譬喩品で示される「火宅《かたく》の喩《ゆ》」は、一乗思想の理解をめぐって、後世、三車、四車などの解釈を生んだ。三車とは、声聞、縁覚、菩薩乗の三車を立て、そのうちの菩薩乗を最上とする立場であり、四車とは、その三乗の上に最上の一仏乗（大白牛車《だいびゃくごしゃ》）を立てる立場であり、日本では天台宗をはじめ後者の解釈に立って、より包括的な一乗思想が展開された。

さて、本門においては、迹門で説かれた一乗思想をさらに深化させて、一切衆生を等しく救う仏そのものとは何かというテーマが展開される。そして、それは、無限の過去に成仏し今現在衆生を救済している久遠実成の仏であり、さらにその仏として顕現している時空を超えて働く究極の真理であるとされる。『法華経』の「如来寿量品」の中の、最初の一句が「自我得仏来」であることから「自我偈」と一般に呼ばれている一節は、まさにこの久遠実成について説いている。そこでは、仏は或る時、衆生救済のためにこの世に現われ悟りを開いて教えを説き始めたように見えるが、本来は永遠の昔から悟りを開いており、この仏の命は永遠であるという立場が取られているのである。

このように思想としての『法華経』が大きな影響を与える一方、民間では、『法華経』を読誦する法華持経者が活躍した。彼らによって、法華経の受持による功徳が喧伝され、広く民衆にも『法華経』信仰が浸透した。特に、「念彼観音力《ねんぴかんのんりき》」という印象的なリフレインを繰り返し、観音が一切衆生を救済することを説いた普門品は、観音信仰の拠り所として重視された。観音とは、観世音菩薩であり、普門品によれば、世の衆生が「南無観世音」と、その名を称える音声を観じて、慈悲をもって悟りへと導く菩薩であり、衆生の状況に応じて、仏身、辟支仏《びゃくしぶつ》（縁覚）、声聞、梵天から婦女、童子、竜、夜叉等の三三身をとって現われてくるとされている。ちなみに西国三三ヶ所をはじめ日本各地の観音霊場は、観音の三三身を表わし、現在でも信仰を集めている。

方便品

原文

爾《そ》の時に世尊、三昧より安詳《あんじょう》として起《た》って、舎利弗《しゃりほつ》に告げたまわく、諸仏の智慧は、甚だ深くして無量なり。其の智慧の門は難解難入なり。（中略）仏の成就せる所は、第一の稀有なる難解の法にして、唯仏と仏とのみ、乃《すなわ》ち能く諸法の実相を究尽したまえり。所謂諸法の如是相・如是性・如是体・如是力・如是作・如是因・如是縁・如是果・如是報・如是本末究竟等なり。（中略）仏、舎利弗に告げたまはく、諸仏如来はただ菩薩を教化したまふ。諸有《すべて》の所作は、常に一事の為なり。唯仏の知見を以て衆生に示し悟らしめんためなり。舎利弗よ、如来はただ一仏乗を以ての故に、衆生の為に法を説きたもう。余乗のもしくは二、もしくは三あることなし。（中略）舎利弗よ、劫の濁乱の時には、衆生の垢重く、慳貪・嫉妬にして、諸々の不善根を成就するが故に、諸仏は方便力をもって、一仏乗において分別して三と説きたもう。

現代語訳

その時、釈迦牟尼仏は、三昧の境地に安らいでいたが、やがてそこから静かに出て、弟子である舎利弗に告げておっしゃった。「諸々の仏の智慧は実に深くはかり知れない。また諸々の仏の智慧の門に入ることは大変に難しい。（中略）仏が成就したのは、第一の、稀有であり、人間の有限な知恵では測り難い真理（一仏乗）であり、ただ仏と仏が（唯仏与仏）、今ここに成就している真実の姿（諸法実相）である真理を究め尽くすことができるのである。今ここに成就している真実の姿とは何かというと、かくのごとき様相であり、性質であり、形体であり、潜在力であり、作用であり、直接原因であり、間接原因であり、結果であり、報いであり、これら九つの事柄がみな互いに関わりつつ平等に果てしなく結びつき合っている（十如是《じゅうにょぜ》）ということ、これこそが、真実の姿なのである。」と。（中略）釈迦牟尼仏が舎利弗に告げておっしゃった。「諸々の仏は、ただひたすらに大乗仏教の修行者を教え導くのである。様々なやり方をして導くのは、常にただ一つのことのためなのだ。つまり、ただ仏の智慧を衆生に示して悟りへと導こうというのである。舎利弗よ。如来はただ一仏乗（声聞・縁覚・菩薩の三乗を包括し、すべての者が成仏できるとする、眼前に成就している統一的かつ唯一の真理）によって、衆生のために教えを説くのである。二乗や三乗の区別はなく、唯一の仏乗によるのである。（二乗については声聞・縁覚、三乗については、声聞・縁覚・菩薩と伝統的に理解されてきたが、サンスクリット原典では、第二、第三であり、それぞれ縁覚、声聞を指す。）（中略）舎利弗よ。人間の寿命の減っていく減劫、五濁に満ちた乱世、末世においては、衆生の罪業は重く、慳貪で嫉妬深く、諸々の不善根を成すが故に、諸仏は方便力をもって、本来は一仏乗である究極的真理を、あえて方便を設けて声聞、縁覚、菩薩乗と三つに分けてお説きになられた。」と。

譬喩品

要旨

仏は比喩を説いて衆生を導く。「或る所に、老いた長者がいた。その家は、朽ちかけてはいたが、広大であり、門は一つしかなかった。ある時火事が起こったが、長者の子供たちは、そのことに気づかずに遊び戯れていた。子供たちを何とか外に出そうとした長者は、方便を設け、子供たちに、門の外に、羊車、鹿車、牛車があると呼びかけ誘導した。そして、出てきた子供たちに、数々の宝で飾られたすばらしい白牛車を等しく与えた。私もまた、火宅の喩の長者と同様である。私は父親で、一切の衆生は私の子供であるが、彼らは深く世俗の楽しみに執着して、智慧を持とうとしない。世界は燃え盛る家のように生老病死の苦しみに満ちているのに、彼らはそれに気付かず愛欲に耽っている。そこで、私は、方便として、三乗の教えを説いて、もろもろの衆生に三界の苦しみを知らせて、そこから脱出する道を示す。私は、生きとし生けるものすべてのために、このような比喩を用いて、唯一無二の『一仏乗』を説く。あなた方が、もしこの言葉を信じ受け容れるならば、一切の者が、皆、まさに仏道を成就することができるだろう。」

寿量品・自我偈

原文

我、仏を得て自《よ》り来《このかた》、経たる所の諸の劫数は、無量百千万億載《おくさい》阿僧祇なり。常に法を説きて、無数億の衆生を教化して仏道に入らしむ。爾《それ》より来無量劫なり。衆生を度せんが為の故に、方便して涅槃を現ず。而《しか》も実には滅度せず。常に此に住して法を説くなり。我常に此に住すれども、諸の神通力を以て、顚倒《てんどう》の衆生をして近しと雖《いえど》も而も見ざらしむ。衆《もろびと》は我が滅度を見て広く舎利を供養し、咸《ことごと》く皆恋慕を懐いて渇仰の心を生ず。衆生既に信伏し、質直にして意柔軟に一心に仏を見たてまつらんと欲して、自ら身命を惜しまず。時に我及び衆僧、倶に霊鷲山《りょうじゅせん》に出づ。我時に衆生に語る。「常に此にあって滅せず。方便力を以ての故に、滅不滅有りと現ず。」と。

現代語訳

私が成仏して以来、経過した時間は、百千万億の無限の時間である。その間、常に法（教え・真理）を説いて無数の衆生（生きとし生けるもの）を教化し、仏道に導いてきた。そうして以来、無限の長い時間が経過した。衆生を救うために、自分は、（釈迦として入滅し）死んだ姿をとった。しかし、実際には死んではいない。常にこの世界にいて法を説いているのだ。私は常にこの世にいるが、神通力によって、誤った考えに陥った衆生には、近くにいるにもかかわらず、姿を見せないようにしている。衆生は、私の死を見て、私の遺骨を供養し、私を熱烈に慕い求める心を起こした。人々が信じ帰依し、心が純粋になって、ただひたすらに仏にお会いしたいと願い、そのために命さえも惜しまなくなる、まさにその時に、私は、弟子たちとともに、ここ霊鷲山（摩掲陀国王舎城郊外の山、釈迦の説法の場になったと伝えられる）に出現する。そして人々に語る。「私は常にここにいて、不滅であるが、人々を導く手段として死の姿を見せたり、見せなかったりするのだ。」と。

普門品（『観音経』）

原　文

我、汝が為に略して説かん。名を聞き及び身を見て、心に念じて空しく過ごさざれば、能く諸有《あらゆる》苦を滅す。仮使《たとえ》害意を興して、大なる火坑へ推し落とさんも、彼の観音力を念ぜば、火坑は変じて池と成らん。或いは巨海に漂流して、龍・魚・諸鬼の難あらんに、彼の観音力を念ぜば、波浪に没すること能わざらん。或いは須弥峰に在って、人の為に推し堕とされんに、彼の観音力を念ぜば、日の如くにして虚空に住《とどま》らん。（中略）妙音、観世音、梵音、海潮音、彼の世間に勝れたる音あり。この故に須く常に念ずべし。念念に疑を生じること勿《なか》れ。観世音の浄聖は、苦悩と死厄とにおいて、能く為に依怙《たより》と作《な》らん。一切の功徳を具して、慈眼して衆生を視《みそなわ》す。福聚海無量《ふくじゅかいむりょう》なり。是の故に応に頂礼すべし。

現代語訳

（釈迦が、無尽意菩薩の質問に答えて、観世音菩薩とは「苦悩する世の人がその名を称える音を観じて救う存在である。」と説明した上で、観音の利益を述べる。）汝のためにあらましを説こう。人が、観音菩薩の名を聞き、またはその身を見て、心に留めて忘れないでいたならば、よく諸々の苦を消し去るだろう。たとえ誰かが悪意を持って、自分を火の燃えさかる穴に突き落としたとしても、かの観音の力を念じれば、火の穴は池に変わるだろう。あるいは大洋に漂流して、龍や魚・諸々の化け物に襲われたとしても、かの観音の力を念じれば、海中に沈むことはない。あるいは須弥山のような高所から突き落とされたとしても、かの観音の力を念じれば、太陽のように、空中に留まるだろう。（中略）（観音とは）美しい音、世界を観じる音、真理の音、轟く波の音であり、世間のあらゆる音よりも勝れた音である。だからこそ常に念じるべきである。決して疑いを抱いてはならない。その清らかな尊さは、苦悩や死の災いから救われる拠り所となるだろう。（観音は）一切の功徳を備え、慈しみの眼で生きとし生けるものをご覧になる。その福徳は海の様に深くはかり知れない。だからこそ観音を礼拝せよ。

③　『華厳経』

『華厳経』は、もともとあったいくつかの独立した小経典を、三、四世紀頃、中央アジアで一つにまとめ上げて成立したもので、そのうち最古のものは、一、二世紀頃に成立した、菩薩の修行階梯を説く「十地品《じゅうじ》」である。また、「入法界品《にゅうほっかい》」では、善財童子《ぜんざいどうじ》が、発心し五三人の善知識を歴訪して教えを受け、最後に普賢菩薩によって悟りを開いたという求道遍歴が語られる。華厳経は、中国や日本では、釈迦成道の直後にその自内証（心の内なる悟り）を直截に示した経典とされる。大乗仏教の最重要経典の一つであり、中国では華厳宗の所依経典となったのみならず、禅や天台宗など諸宗に多大な影響を与えた。日本でも、東大寺の大仏や国分寺が華厳経の教えに基づいて建立された。

本尊は、蓮華蔵世界の教主で全世界を遍く照らし出す「光明遍照」「遍一切処」の毘盧遮那仏《びるしゃな》である。この仏は、願を立て計り知れない程長期にわたって修行をして成仏した仏であり、釈迦と同体とされる。『華厳経』において、毘盧遮那仏は、本尊として海印三昧に入り、また、光を体から発して蓮華蔵世界を明らかに照らしはするが、自らは説法を行わず、普賢菩薩をはじめとする他の菩薩が、海印三昧に入っている毘盧遮那仏の本願力を受けて説法するのである。（なお、密教の本尊も毘盧遮那仏＝大日如来であるが、法身でありつつ説法するところが、大きく違っている。）

さて、『華厳経』では、全世界は毘盧遮那仏の光に照らされて現われ、その意味で全世界は毘盧遮那仏の顕現であるとされる。そして、一仏の顕現としての諸存在は、互いに働きかけ縁となり合い、無限に交流・融合しながら、「一即一切、一切即一」の全体的連関を形成すると説く。この世界のことを、後に中国で成立した華厳宗では、「事事無礙《じじむげ》」の「法界縁起」と説明する。

また、『華厳経』では、心を探求して、「十地品」第六現前地で「三界は虚妄にして但是れ一心の作なり。十二縁分は是れ皆心に依る。」（生死輪廻する欲界・色界・無色界の三つの迷苦の世界はみな虚妄であり、他ならない自分の心が作り上げたものである。無明を根源とする一二縁起のそれぞれも皆心が生み出したものである）と説く。虚妄なる三界も心が生み出したものに他ならないのであるならば、心自身を転換して、執着された我としての心から、全世界の有りとあらゆるものと縁起的関係を持って交流し合う場としての心にすることも、真理世界、すなわち法界縁起を現前させることも可能である。三界の虚妄性を自覚して転換しようと志すことを「発心」というが、以上のことを踏まえるならば、「梵行品第一二」のよく知られた言葉「初発心時便成正覚」（初めて発心した時に悟りを成就する）の意味も明らかであろう。つまり、発心するというのは、すでに法界縁起の世界にいるからこそ、そこを基盤として可能なのである。法界縁起を、身をもって体得することが、修行による悟り（正覚）なのであり、すでに法界（真理世界）にいるから悟りを目指せるのだ。このことに着目すれば、すでに初発心において、悟りを得ているのである。つまり、目的地が出発点となるという循環がここでは見られるのである。（ただし、付言しておくなら、本来、「一心」は、煩悩に染まった染心であり、そこから迷いの世界が展開していくと捉えられていたが、中国で成立した華厳宗においてはそれが浄心であり根源的絶対的真理と理解された。）

『華厳経』のこのような心の探求の成果としてよく知られているのが、ここにその後半を挙げた「唯心偈」である。この偈は、心が存在を生み出すことを説き、さらに、仏も衆生も心によってそのような物として根源的なものから作られている、と説く。「唯心偈」のうちの「若し人、三世の一切の仏を求知せんと欲せば、応当に是の如く観ずべし、心は諸の如来を造る、と。」という最後の一節は、「破地獄偈」と呼ばれ、地獄からでも救える言葉として広く流布した。つまり、仏も地獄も心が作っているのだということを自覚することによって、地獄が本体を持ったものではないことが明らかになり、地獄から逃れることができるとされたのである。

盧遮那品

原　文　一一の微塵の中に、仏国海が安住し、仏雲が遍く護念し、弥綸して一切を覆う。一つの微塵の中に於て、仏は自在力を現じ、一切微塵の中に、神変することも亦是の如し。諸仏及び神力は、盧遮那の示現したもうなり。

現代語訳　（真実の世界においては）一つ一つの小さな塵の中に、海のように広く深い仏の世界が安らかに住しており、その塵の中から仏の雲が湧き上がって、一切を守り念じ、あまねく一切を覆い包んでいる。一つの塵の中にも、仏の自在な力が現われており、一切の微塵の中に不思議な変化が現われている。諸々の仏とその不可思議な力は、みな毘盧遮那仏が示現して（衆生を導いて）いるのである。

夜摩天宮菩薩説偈品・唯心偈

原　文　心は、工みなる画師の、種種の五陰を画くが如く、一切の世界の中に、法として造らざる無し。心の如く仏も亦た爾り。仏の如く衆生も然り。心と仏と及び衆生と、是の三に差別無し。諸仏は、悉く一切は心より転ずと了知したもう。若し能く是の如く解せば、彼の人は真の仏を見ん。心も亦た是れ身に非ず、身も亦た是れ心に非ずして、一切の仏事を作し、自在なること未曾有なり。若し人、求めて、三世の一切の仏を知らんと欲せば、応当《まさ》に是の如く観ずべし、心は諸の如来を造る、と。

現代語訳　巧みな画家が、物質・感受・想念・意志・認識の五要素から成る存在を描き出すように、心も、一切の世界においてすべての存在を作り出す。心が作り出すように仏もあり、また、仏と同様に心に作り出されて衆生もある。心と仏と衆生との三者には、区別はない（心は作るもの、仏、衆生は作られるものであるが、すべては心に包摂されて一体となるのであるから、究極的には三者は同一である）。諸仏は、一切のものは心から起こると知っている。もしこのように理解することができるならば、その人は真の仏を見るだろう。確かに心は、目の前に見えるこの身にあるのではないし、この身も心を宿しているわけではない（心とは個別的なものではなく、全体的連関そのものである）。心は、一切の仏としての行いをなして、いまだかつてなかったほど自由自在である。もし人が、過去・現在・未来の一切の仏を知りたいと思うなら、このように観察すべきである。心がもろもろの仏を作る、と。

④『無量寿経』

『無量寿経』は、浄土三部経の一つで、阿弥陀仏の救いの根拠となった法蔵神話が記載されている。それは以下のようなものである。遠い昔、世自在王仏が世に現われた時、一人の国王が説法を聞いて発心し、出家した。これが、法蔵菩薩（法蔵比丘）である。法蔵菩薩は、衆生の苦悩をどのように救おうかと長い時間考え（五劫思惟《ごこうしゆい》）、浄土を建立し四八願を立てた。その誓願は、衆生救済を目指したもので、中でも第一八願は、すべての念仏する衆生を救おうという内容であった。そして、法蔵菩薩は、修行して、今から十劫の昔に成仏して阿弥陀仏となった。つまり、誓願は成就したのであり、それ故に念仏するすべての衆生はすでにもう救済されているのである。

ここでは、四八願のうちから代表的な願として第一八、一九願を挙げ、阿弥陀仏の誓願がどのようなものであったのかを示した。なお、往生するべき浄土について付言しておくならば、それは、修行に適した美しく安楽な場所であるが、『無量寿経』それ自身の中で「国は泥洹《ないおん》（涅槃）のごとし。」とも「一切の法は猶し夢幻と響の如しと覚了して、諸の妙願を満足して、必ず是の如き刹《くに》を成ぜん。」（あらゆる存在は、夢幻や響のように実体のない空なるものだと悟って、諸の願を成就して、必ず空なる仏国土を作ろう）とも言われているように、浄土そのものも、悟り（涅槃）であり、空性である。つまり、色形のある浄土が描かれてはいても、それは、人々を信仰へと導くための方便として設けられているのであって、浄土は固定的な実体ではないのだ。

第一八願（念仏往生の願・至心信楽《しんぎょう》の願）　たとひ、われ仏となるをえんとき、十方の衆生、至心に信楽して我国に生れんと欲して、乃至十念せん。もし生れずんば正覚を取らじ。ただ五逆と正法を誹謗するものを除かん。（たとえ私が成仏できようとも、全世界の生きとし生けるものがすべて、純粋な心で信心して、浄土に往生したいと願って、たった一〇回でも仏を念じたにもかかわらず、もし往生できないならば、私は成仏しない。ただし、五逆罪〔殺父、殺母、殺阿羅漢、出仏身血、破和合僧）の者と、仏法を否定する者を除く。）

第一九願（臨終現前の願）　たとひ、われ仏となるをえんとき、十方の衆生、菩提心を発し、もろもろの功徳を修め、至心に願を発して、我国に生れんと欲せば、寿の終る時に臨みて、仮令《たとい》、大衆とともに囲繞《いにょう》して、その人の前に現ぜずんば正覚を取らじ。（たとえ私が成仏できようとも、全世界の生きとし生けるものが、自利利他の心である菩提心を起こして、行をなして様々な功徳を積んで、純粋無雑な心で誓いを立てて、西方浄土に往生したいと願うならば、その人の臨終にあたって、聖衆とともに現われて、その人のまわりを取りまいて浄土に導こう。これが実現しないならば、私は成仏しない。）

⑤『維摩経』

『維摩経《ゆいまきょう》』は、紀元後一～二世紀頃に成立したと言われている。これまでサンスクリット語原典は断片的にしか残っていないとされて来たが、近年、日本の調査団によって原典写本（八世紀、貝葉）がチベットのポタラ宮で発見された。また、漢訳三種とチベット訳一種が残っている。ここでは、日・中で最も親しまれた鳩摩羅什訳から引用した。『維摩経』の主人公は、毘舎離《びしゃり》（ヴァイシャリー）に住む資産家の維摩詰《ゆいまきつ》（ヴィマラキールティ）である。大乗仏教の根本思想である「空」の思想を体現した維摩居士は、その透徹した「空」の理解によって、出家者である釈迦の弟子たちをことごとく論破し、やり込めて行く。そのような維摩居士のあり方は、まさに大乗仏教の不二思想に基づく聖俗一如を示している。

経は、劇的構成になっている。まず最初に、衆生病む故に自らも病むと言って維摩居士が、自らの方丈の庵に臥せっているのを知った釈迦は、弟子たちに見舞いに行かせようとするが、皆、これまで教理に関する問答で維摩居士にやり込められた経験があるため躊躇する。そこで、智慧をもって知られる文殊菩薩が見舞いに行くことになる。維摩居士は、方丈の病床にあるが、文殊を見ると、「不来の相にして来たり、不見の相にして見《まみ》ゆ。」と言い、二人は空に関する問答を始める。その問答を聞いていた天女が、聴衆たちに花をふりかけると、菩薩（大乗）に降りかかった花は落ちたが、声聞（小乗）に降りかかった花は体に付着して離れない。そこで声聞の徒である舎利弗が天女に尋ねると、「空」を奉じる菩薩は思慮分別も執着も離れているから花も離れていくが、声聞はそれらがあるから花が付着するのだと答える。

問答中、特に有名なのが、「入不二法門品」の中にある、「不二の法門」（絶対的な真理の教え）について各々が自己の見解を披歴する場面である。文殊が「不二の法門は言語を超えているので説き得ない。」と言ったのに対して、維摩居士は「黙然無言」を守った。これは、「不二の法門」を身をもって体現したものとされ、「維摩の一黙」として古来、よく知られている。また、「仏道品」では、煩悩の盛んな罪悪深重の者こそが、自らのあり方を深く自省することを通じて悟りに近付くことができるという「煩悩即菩提」の考え方が、「清々しい高原の陸地には蓮華は生えず、穢れて湿った泥からこそ、この花は生じる。」という巧みな比喩を用いて語られている。

入不二法門品

原文

その時に、維摩詰、衆《もろもろ》の菩薩に謂いて言わく、「諸の仁者《にんしゃ》よ、云何が菩薩の不二法門に入るや。各《おのおの》所楽《ぎょう》に随ってこれを説け。」と。会中に菩薩あり。法自在と名《なづ》く。説いて言わく、「諸の仁者よ、生と滅とを二と為す。法は、本《もと》不生なり。今則ち滅無し。此の無生法忍を得る、是を不二法門に入ると為す。」と。（中略）かくの如く、諸の菩薩は、各々説きおわりて、文殊師利に問わく、「何等かこれ菩薩、不二法門に入る。」と。文殊師利曰く、「我が意の如きは、一切の法に於いて、言うこと無く、説くこと無く、示すこと無く、識ること無し。諸の問答を離るる、これを不二法門に入ると為す。」と。是に於て文殊師利、維摩詰に問ふ。「我等各《おのおの》自ら説き已《おわ》んぬ、仁者まさに説くべし。何等か是れ菩薩不二法門に入るや。」と。時に維摩詰黙然として言無し。文殊師利歎じて曰く、「善哉善哉、すなわち文字言語の有ること無きに至る。これ真の入不二法門なり。」と。

現代語訳

その時、維摩居士が、諸々の菩薩に言った。「皆さん、菩薩が不二の法門に入るとはどのようなことなのか。（自己と世界とが一体となった絶対的一元論の境地である不二とは、どのように実現されるのか。）自由に言いたいことを述べなさい。」と。すると、その場にいた法自在という名の一人の菩薩がこう言った。「君よ。生ずることと滅することとは別々のことだ。けれども、存在は、本来、生まれるものでも滅するものでもなく、それを超えている。そうだとすれば（生じることも）滅することもない。このような悟りを得ることを、不二の法門に入るというのだ。」（中略）このように、諸の菩薩らは、それぞれ不二の法門について説き終わって、文殊師利菩薩に質問した。「文殊菩薩よ。不二の法門に入るとはどのようなことか。」と。文殊菩薩が言った。「私が思うに、（不二というのは、すべて分節化せず、物事について、何も言わず、説かず、示さず、認識しない。そして問答もしない。）一切の事柄についてあげつらわないことだから）これがまさに不二の法門に入るということだ。」と。そして、文殊菩薩が維摩居士に質問した。「私たちは各自見解を述べた。君よ、不二の法門に入るとはどのようなことか。説いてほしい。」と。その時、維摩居士は、沈黙して何も言わなかった。文殊菩薩は感嘆して言った。「素晴らしいことだ。まさに文字も言葉もない境地を実現している。これこそ真実の不二の法門である。」と。

仏道品

原　文

もし無為を見て正位に入る者は、また阿耨多羅三藐三菩提心《あのくたらさんみゃくさんぼだいしん》を発すこと能わず。譬えば、高原の陸地には蓮華は生ぜず、卑湿の汚泥なれば、すなわちこの華を生ずるがごとし。かくの如く、無為法を見て正位に入る者は、ついにまた仏法を生ずること能わず。煩悩の泥中に、すなわち衆生の仏法を起こすもの有るのみ。

現代語訳

（小乗の徒のように）すべてを滅却した無為の境地を会得して、正位に入る者は、自利利他を求める心である阿耨多羅三藐三菩提心を発すことはできない。たとえば、清々しい高原の陸地には蓮華は生えず、穢れて湿った泥からこそ、この花は生じるのである。このように、無為の境地を会得して正位に入る者は、結局、仏道を成就することができないのである。煩悩の泥中にのみ、衆生に仏法を成就させるものがあるのだ。

⑥ 龍樹『中論』

『中論』は、龍樹（ナーガールジュナ　一五〇頃〜二五〇頃）による「空」思想を説明した簡潔な偈頌（根本中頌と呼ばれる）と青目《しょうもく》（ピンガラ　四世紀前半）による注釈、二七章四四九偈からなる。漢訳者は鳩摩羅什である。わが国では青目釈が専ら用いられたが、『根本中頌』の注釈書としては、他に自立論証（自立的論証を肯定的論式によって行う）派の清弁《しょうべん》（バーヴァヴィヴェーカ）釈、帰謬論証（反対者の立場の非合理性を論証）派の月称（チャンドラキールティ）釈などが知られている。

内容的には、大乗仏教の根本思想である「空」を、縁起説との関わりにおいて捉え、存在が単なる有でも無でもなく、固定的自性を持たないことを説き、固定的自性がないからこそ、因果や実践も成り立つと主張した。つまり、「色即是空」であり、すべてが固定的でなく実体として存在しない「空」であるからこそ、存在同士が関係しつつ互いに輪郭を与え合って成立するという「空即是色」が成り立つのである。また、世俗諦と真諦とを区別し、日常相対の世界、つまり、言語による概念が生み出す世俗世界の真理である世俗諦を超えたところに、究極的真理である真諦、すなわち「空」があるとした。それと同時に、その究極的真理にしても、世俗諦、端的に言えば言語や概念によって表現されるしかなく、このことも併せて指摘した。このように、空と縁起とを説く『中論』は、大乗仏教の理論的基礎を築き、インドではこの書に基づいて中観派が起こり、瑜伽行唯識派とともに仏教哲学の二大学派となった。

ここでは、八不《はっぷ》の偈、および観四諦品第二四第一八偈と一九偈を挙げる。八不の偈は、『中論』冒頭に掲げられた著名な偈であり、八個の否定が行われ、それを通じて、存在が自性を持たず、縁起（因縁）により成り立つものであるとともに、本来、戯論を滅する、すなわち、言語表現を超えたものである（ただし、それ故にこそ、無限の言語表現が方便として可能となる）ことが示される。観四諦品第二四第一八偈と一九偈は、空、縁起を説く偈としてよく知られたものである。ここでは、その青目による注釈も共に挙げた。

八不の偈

原 文

不生にして亦た不滅、不常にして亦た不断、不一にして亦た不異、不来にして亦た不出、能くこの因縁を説き、善く諸の戯論を滅す。我稽首して礼す、仏、これ諸説中第一なりと。

現代語訳

存在について見てみると、それは「空」であるから、生でも滅でもなければ、永遠不滅でも全くの虚無でもない。また、一でもなければ多数でもないし、何かがやって来たりまた去って行ったりするのでもない。（存在は二元相対的観点からは把握され得ない。）これは、まさに縁起（因縁）によって成り立っているからなのであり、また、このことを理解するならば戯論は無くなる。額《ぬか》ずいて、このように最も尊い教えを説く釈迦を礼拝申し上げる。

観四諦品第一八偈と一九偈並びにその注釈（青目釈）

原 文

一八　衆《もろもろ》の因縁より生ずる法、我れ即ち是れ無と説く。亦た是れ仮名《けみょう》と為す。亦た是れ中道の義なり。

一九　未だ曾つて一法も、因縁より生ぜざるもの有らず。是の故に一切法は、是空ならざる者無し。

衆《もろもろ》の因縁より生ぜる法、我れ即ち是れ「空」と説く。何となれば、衆縁具足し和合して物は生ず。是の物は、衆の因縁に属するが故に、自性なし、自性無きが故に空なり。空も亦た複た空なり。但だ衆生を引導せんが為の故に、仮名を以って説く。有と無との二辺を離るるが故に、名づけて中道と為す。是の法は性無きが故に、有と言ふことを得ず。亦た空無きが故に、無と言ふことを得ず。若し法に性相有らば、則ち衆縁を待たずして而も有り。若し衆縁を待たずんば、則ち法無し。是の故に空ならざる法有ること無し。

現代語訳

一八　諸々の因縁から生じる存在を、私は、「無」と呼ぶ。存在自身が「無」であるから、それに付けられた名も仮のもの、すなわち「仮名」であると考える。「無」でもなく「有」でもないもの、それこそが、また、偏りのない「中道」ということなのである。　一九　因縁より生じていない存在は、全くない。（すべてが因縁から生じるのだ。）

因縁から生じたものが「空」であるから、すべての存在は「空」でないものはない。

もろもろの因縁から生じた存在を、私は「空」と呼ぶ。なぜならば、もろもろの因縁が備わり、それが合わさって存在が生じるのである。この存在は、諸々の因縁によるものだから、それ自身の固定的、実体的な本質はない。固定的、実体的本質がないから「空」なのである。ただ、「空」ということ自体も本質とされるべきではなくて、「空」なのである。ただ、衆生を教え導くために仮に「空」と名付けているに過ぎない。それは単なる「有」をも単なる「無」をも越えているから、「中道」と名付けるのだ。この存在は、本性を持たないから「有」ということはできない。「空」ではないから（つまり空無でなくて「仮」のものとしては有るから）「無」とも言えない。もし、存在が本質や様相を持つものならば、縁起の関係性なしで有ると言えるだろう。しかし、縁起による関係的成立がないなら、存在も成立しないのである。以上から、空でない存在（つまり、関係的成立によらない存在）はあり得ないのである。

2　中期大乗経典（三〜七世紀）

中期大乗経典の時代は、仏教思想が最も発展し、中観と唯識の仏教哲学がそれぞれ深化した時代であった。経典としては、仏性《ぶっしょう》（如来蔵《にょらいぞう》）を説く『勝鬘経《しょうまんぎょう》』『涅槃経』『如来蔵経』、唯心論を説く『楞伽経《りょうがきょう》』などがあり、論書としては如来蔵を説く『宝性論』、「唯識無境」を旗印に阿頼耶識縁起《あらやしきえんぎ》を説く『成唯識論《じょうゆいしきろん》』『摂大乗論《しょうだいじょうろん》』『唯識二十論』『唯識三十頌』などが重要である。

①　世親『唯識三十頌』

仏教では、初期仏教以来、心のあり方を重視し、「自性清浄心《じしょうしょうじょうしん》」を説いて、修行を通じて煩悩を滅した清らかな心となることを求めてきた。また、部派仏教において、心や認識の構造について精緻な議論が積み重ねられた。これらの伝統が、大乗仏教になると『華厳経』の「三界唯心」の主張に見られるように、さらに世界認識と結合して、壮大な「心」の哲学の体系が生み出された。中でも、瑜伽行唯識思想は、われわれの経験世界（現象界）が、心の深層にある阿頼耶識の転変（変化）によるものであると説いて、後世に大きな影響を与えた。そこでは、瑜伽行（瞑想修行）の中で行者たちが実証すべき、あらゆる煩悩から解脱し仏菩薩と一如になった清らかな境地が、どのような心と世界の仕組みのもとで可能となるのかが、心（識）の理論として追求されるのである。ここでは、瑜伽行唯識思想の最も優れた綱要書と言われている世親『唯識三十頌』からいくつかの節を取り上げる。唯識三十頌では、全事物事象が阿頼耶識・末那《まな》識（思量）・眼鼻耳舌身意の六識（了別）から成り立つことを述べ、さらに、それらのあり方として三性を挙げる。三性とは①依他起性《えたきしょう》②偏計所執性《へんげしょしゅうしょう》③円成実性《えんじょじつしょう》である。①はあらゆるものに実体がなく他と相互相依しつつ存在していることであり、②はそれにもかかわらず人は実体を仮構し執着するから世俗世界で経験される事物事象が成り立つことである。そして、実体化して、執着することをやめれば、③の円満・完成・真実という性質を持った絶対の境地が出現するとされたのである。③は主客の二元対立を超えた境地であり、真如・実相・法界とも呼ばれる。

原文

一　仮に由って我法と説く。種々の相転ずること有り。彼れは識の所変に依る。此れが能変は唯三つのみなり。

現代語訳

「我」や「法」（存在）と名付けられているものは仮象である。そのような仮象は、「識」（こころ）が転変して成立する。そして、この転変する心には、三つの層がある。（つまり、主観の外側に認識の対象があるわけではなくて、夢を見ている時と同様に、ただ心の表象のみが顕現しているに過ぎない。夢から覚めると夢の中の事物が本物ではなかったことが分かるように、人も悟りを得て初めてすべてが識の転変に過ぎないことを覚るのである。）

原文

二　謂わく異熟と思量と、及び了別境識ぞ。初のは阿頼耶識なり。異熟なり。一切種なり。

現代語訳　この三つとは、異熟識と呼ばれる「阿頼耶識」と「思量」と「了別識」である。はじめの阿頼耶識は、異熟識であって根本識である。（「阿頼耶識」とは、過去の善悪の業をすべて収め、常に刹那《せつな》滅しつつ生起し連続する根本識で、われわれの経験界の可能性〔種子《しゅうじ》〕が蓄えられている。この阿頼耶識は、宇宙万有の展開の根源である。また、阿頼耶識が異熟識と言われるのは、善悪の因が、楽苦という非善非悪の無記なる果報をもたらす基盤となるからである。〔善悪が非善非悪の無記となるように、異なった果報を得ることを異熟と呼ぶ。〕次に、思量とは、阿頼耶識によって起こり、阿頼耶識を対象として思考する自我意識〔我執〕、すなわち末那識である。最後の、了別識とは、対象を了別する眼・耳・鼻・舌・身・意の六識である。そして、阿頼耶識に蓄えられた種子が現実の経験として現われることを現行と言い、現実の経験が阿頼耶識内の種子に影響を与えることを薫習《くんじゅう》と呼ぶ。唯識思想は、このような概念を使って世界と自己との成り立ちを説明するのである。）

原　文　一七　是の諸の識は転変して、分別たり、所分別たり。此に由りて彼皆無し、故に一切唯識なり。

現代語訳　これらの諸識が転変して、主観となり、また客観となる。識自身が変化して主客になるのであるから、識以外のものは何もない。故に、一切の事物事象は唯識である。（世界は分節化されて初めて世界として成立する。世界を分節化する認識の働きが「分別」である。すべては識によってあるのだ。）

原　文　一九　諸の業の習気《じっけ》と、二取の習気と倶なるに由って、前の異熟既に尽きぬれば、復た余の異熟を生ず。

現代語訳　前世からの、行為・経験（業）の潜勢力（習気）は、能取（主観）と所取（客観）との二つの潜勢力とともに、前世からの異熟（果報）が尽きる、つまり死ぬと、また新たな異熟を生じる。（阿頼耶識は、過去世から来世へと、潜勢力として連続していく。これが輪廻転生である。唯識思想は、初期仏教以来の課題である無我輪廻のアポリアに、阿頼耶識縁起という形で解答を与えたのである。）

原　文　二〇　彼彼の遍計に由て、種種の物を遍計す。此の遍計所執の、自性は所有無し。

現代語訳　それぞれの虚構の分別によって、それぞれのものがあると仮構されたとしても、それは遍計所執性のものであって、実体としては存在しないのである。（ここでは、三性のうちの遍計所執性〔観念や言語によって実体があるかのように仮構されていること〕について言及されている。）

原文

二一　依他起の自性の分別は、縁に生ぜらる。円成実は彼において、常に前のを遠離せる性なり。

現代語訳

依他起性である分別（主客それぞれを虚構として関係的に成立せしめること）は、縁によって生じせしめられる。そして円成実性ということは、依他起性が、常に前のもの（遍計所執性）から離れているということなのである。（ここでは、三性のうちの依他起性〔固定的な実体ではなくて、他との関係性において生起していること〕と、円成実性〔完全なる究極的真理〕について述べている。この三性は、事物事象と自己との関係を説明している。実践的には瑜伽行による円成実性の体得を目指すのであるが、この円成実性とは何らかの実体的真理ではなくて、一言で言うならば、空―縁起である。つまり、事物の依他起性に対する無知によって、遍計所執性のものとして執着され、実体化された事物事象が生じてしまうので、その執着から脱却して、事物事象のありのままの姿〔真如・真理〕に目覚めることが、円成実性を体得することなのである。）

②『涅槃経』

正式名称は『大般涅槃経《だいはつねはんぎょう》』で、釈迦の大般涅槃（入滅）の次第と意義を語る経典群の総称である。小乗と大乗あわせて数種が知られている。小乗の『涅槃経』は、釈迦の最後の旅、臨終、火葬、舎利分配が語られる。大乗の『涅槃経』では、釈迦の入滅は方便であり、釈迦の法身は、常住不滅であるとした上で、その特性を常・楽・我・浄と説いた。そして、「一切衆生悉有仏性」として、一切衆生の成仏を根拠付けた。『涅槃経』は、『法華経』の一乗思想をさらに如来蔵思想によって発展させたものと言える。

ここでは、獅子吼菩薩品《ししくぼさつぼん》の「仏性は一切衆生にあるが、修行を行わない者には顕現しない。」という趣旨の一節を引用した。仏性を成仏の種子のように捉え、それさえあれば自然に成仏できるという考え方や、仏性を持っているからこの身のままで仏であるというような考え方が、『涅槃経』の本意ではなかったことが、この部分から見て取れる。たとえば、日本中世の仏教者である道元は、その著『正法眼蔵《しょうぼうげんぞう》』「仏性」巻において、仏性を正しく認識することを訴え、「仏性の道理は、仏性は成仏よりさきに具足せるにあらず、成仏よりのちに具足するなり。仏性かならず成仏と同参するなり。」（仏性の道理について考えてみると、仏性は成仏以前には具わっていない。成仏してから具わるものである。つまり、修行者が、修行し成仏しているまさにその時に、仏性も顕現されるのである）と述べている。この言葉は、まさに、ここで引用する獅子吼菩薩品の要点を捉え、道元なりに表現したものであろう。

獅子吼菩薩品

原　文

善男子よ、汝、衆生に悉く仏性有り、応に阿耨多羅三藐三菩提を得べきこと磁石の如しと言ふは、善い哉、善い哉、有仏性の因縁力を以ての故に、阿耨多羅三藐三菩提を得るなり。若し聖道を修することを須《もち》ひずと言はば、是の義然らず。善男子よ、譬へば人有りて広野を行くに、渇乏して井に遇ふ。その井極めて深くして水を見ずといへども、当に必ず有ることを知るべし。この人方便して罐綆《かんきょうぐみゃく》を求覓して汲み取るときは、則ち見るが如く、仏性も亦尓《しか》なり。一切衆生復之有りと雖も、要《かなら》ず無漏聖道を修習するを須ひて、然る後に見ることを得ん。

現代語訳

善男子よ、あなた方、生きとし生けるものすべてに皆、仏性があって、最高の悟りを得られるのは、砂鉄が磁石に付くのと同様に、必然的なことである。すばらしいことだ。仏性が有るという因（直接原因）や縁（間接原因）が作用して、最高の悟りを得るのである。しかし、もし、仏道を修行しないというならば、このようなことにはならない。善男子よ。比喩をもって示そう。或る人が広い野原を歩いていてのどが渇いていたとしよう。その人は井戸に行きあたった。それはたいへんに深くて水も見えなかったとしても、確かにその中には水があると理解しなさい。この人が、釣瓶を下して水を汲み上げたら水が見えるように、仏性も修行しなければ見えるようにならないのである。一切衆生は、仏性を有しているとは言え、汚れのない仏道を修行して後に初めて見ることができるのである。

③『金光明経』

『金光明経《こんこうみょうきょう》』（漢訳には、曇無讖《どんむし（せ）ん》訳、義浄訳など）は、空観に基づき永遠の仏を説くが、経中に国王の義務や本経の読誦による四天王の国家守護を説き、わが国では、奈良時代以来、護国経典として広く用いられた。『法華経』『仁王《にんのう》般若経《はんにゃきょう》』とともに護国三部経典と呼ばれ、正月の宮中の御斎会《みさいえ》や諸国の国分寺などで盛んに読誦され、また、本経の大吉祥天女増長財物品に基づく吉祥悔過《きっしょうけか》（吉祥天に罪を懺悔し、罪報を免れることを求める儀式）なども行われた。漢訳としては四訳あり、チベット語、蒙古語、ウイグル語、満州語、コータン語、ソグド語等にも翻訳されるなど、アジアの思想に大きな影響を与えている。特に、国王が仏道に従って善政を行えば、諸天が国土を守護するという考え方は、東アジアにおける統治者観の展開に大きな影響を与えた。

また、釈迦の前生譚として有名な「捨身飼虎《しゃしんしこ》」や「流水《るすい》長者」についても語られている。特に後者は、この話によって、天台智顗が仏教儀式としての放生会を始めたことで知られている。

四天王護国品（義浄訳『金光明最勝王経』）

原文

若し人此の経王を聴受し、尊貴及び財利を求めんと欲せば、国土豊楽にして違諍無く、心に随ひて所願悉く皆従ひ、能く他方の賊をして退散せしめ、自国界に於いて常に安穏ならん。此の最勝経王の力に由りて、諸々の苦悩を離れて憂怖無からん。宝樹の王の宅内に在るが如く、能く一切の諸の楽具を生ず。最勝経王も亦復然り。能く人王に勝功徳を与ふ。

現代語訳

もし、人がこの素晴らしい経を聴き受持し、尊貴や財産を求めるならば、国土は豊かに楽しく、争い事はなくなり、心のままに願いが叶い、他所からの敵を退け、自国を常に平和なものとするだろう。この『金光明最勝王経』の力によって、もろもろの苦悩を離れて憂いや恐れもなくなるだろう。宝樹が王の邸宅にあって、様々な素晴らしいものを出現させるように、この経も同じく、王に優れた功徳を与えるのである。

長者子流水品

要旨

過去世において、流水長者が、干からびた池で喘ぐ一万匹の魚を見て慈悲の心を起こした。すると、樹の神が長者に水を与えるように勧めた。長者とその二人の子供は、王に頼んで象を二〇頭ほど借りて、水を運んで池に注ぎ、自分の家の食べ物を全部餌として池に撒いてやった。そして、魚たちが来世において果報を得られるように、池の中に入って、「宝勝如来の名号を命終に際してとなえると三三天に生まれ変われる。」と説き、また一二因縁について解説した。しばらく後、長者は家で宴会を開き酔って寝てしまった。その時、地震が起こって一万匹の魚はみな死んでしまったが、忉利天に生まれることができた。畜生の身が天に生まれることができたのは長者のおかげだと、一万の天（神々）は、臥している長者に数々の宝石を贈った。この長者は、前世の釈迦であった。

3 後期大乗経典（七〜一〇世紀）

密教とは、法身仏（真理そのものとしての仏）である大日如来（毘盧遮那仏《びるしゃなぶつ》）が、限られた者のために密かに説いた教えであり、顕教《けんぎょう》に対する。インドでは四〜六世紀頃成立し、インドにおける大乗仏教の思想展開の掉尾を飾った。火供（護摩、ホーマ）が行われ、また、仏菩薩を召還するために仏の世界の縮図である曼荼羅が作成された。雑多な民間呪術の影響の強い雑密《ぞうみつ》に対して、『大日経』『金剛頂経』などが志向する大乗仏教の空の思想に基づく体系的成仏思想としての密教を純密と言う。当時のインドの僧伽では、僧侶たちは、部派仏教（いわゆる小乗）の戒律に従いながら、学問としては大乗仏教の唯識や中観などの高度の理論研究を行い、民衆布教の場においては密教を奉じるというのが一般的であった。

『大日経』

『大日経』全七巻三六品は、正式名称を『大毘盧遮那成仏神変加持経《びるしゃなじんぺんかじ》』と言い、七世紀に中インドで成立したものと推定されている。『金剛頂経』とともに真言密教の根本経典であり、インドやチベットではさほど重視されなかったが、東アジア仏教に大きな影響を与えた。本経では、教主である毘盧遮那如来（大日如来とも言う。サンスクリット語では「輝かしいもの」を意味するヴァイローチャナである）が自由自在に活動し説法する様が語られる。教理については冒頭に置かれた入真言住心品において説かれる。そこでは、「菩提心を因と為し、悲を根本と為し、方便を究竟《くきょう》と為す。」と言う「三句の法門」を中心として、悟りとは「如実知自心」（ありのままに自己の心を知ること）と説かれ、一切智々（一切を認識する最高の智慧）へと至る心の段階が、中観思想を基盤としつつ解明される。続く第二章以下では、曼荼羅（胎蔵曼荼羅）、灌頂、真言、印契《いんぎょう》、護摩などの実践行について説明される。

古来有名なこの「三句の法門」は、因位と果位の二通りに解釈されてきた。まず、因位の場合、修行の出発点たる自らの悟りを求める菩提心は、本来、自他不二の見地から利他の慈悲心に基づいたものであり、人は自らの悟りを追求するために多様な手立てを用いて修行すると解釈される。果位の場合には、出発点である自らの本来有する菩提（悟り）は、利他の慈悲心に根差したものであり、利他の実践のために菩薩は多様な方便を設けるということになる。つまり、「空―縁起」の考え方に基づいて、自己の悟りと他者のそれとを不二のものとして捉え、菩薩行の実践を宣揚し、その具体的方便について住心品に続く二章以下で述べていくのである。

入真言住心品

原　文

是の如く我聞けり。一時、薄伽梵《ばがぼん》、如来の加持せる広大なる金剛法界宮に住したまひ、一切の持金剛者も皆悉く集会《しゅうえ》せり。如来の信解遊戯《しんげゆげ》神変より生ずる大楼閣宝王は高くして中辺なく、諸の大妙宝王をもって種々に間飾《けんじき》し、菩薩の身をもって師子座とす。（中略）その時、執金剛秘密主は、彼の衆会の中に於いて、坐して仏に白して言さく、「（中略）世尊よ。かくの如くの智慧（＝一切智智）は、何をもってか因とし、云何が根とし、云何が究竟とするや。」、と。（中略）仏の言はく、「菩提心を因とし、悲を根本とし、方便を究竟とす。」と。秘密主よ、いかんが菩提とならば、いはく、実の如く自心を知るなり。秘密主よ、この阿耨多羅三藐三菩提は、乃至、彼の法としては、少分も得べきことあることなし。何をもっての故に、虚空の相はこれ菩提なり。知解の者もなく、また開暁もなし。何を以ての故に、菩提は無相なるが故に。秘密主よ。諸法は無相なり、いはく虚空相なり。

現代語訳

次のように、私は聞いた。ある時、世尊である毘盧遮那仏（大日如来）は、自ら不思議な力で作り上げた、広大なる、金剛のように堅固な真理の世界の宮殿に住していらした。すべての金剛杵《こんごうしょ》（雷神・軍神インドラの持つ武器バジュラ）を持つ者も皆、そこに集まっていた。如来が悟りの力によって舞い踊るがごとく自由自在に神通力によって出現せしめた、大きな宝の楼閣は、また中央がなく（上部のみが存在し）、諸々の宝で厳かに飾り立てられていた。（世尊である毘盧遮那仏は）菩薩の姿をとって獅子座（仏の説法の座）に坐しておられた。その時、金剛杵を持った秘密主は、その説法の集まりの中に坐して、仏に申し上げた。「（中略）世尊よ。このような智慧は、何をその原因（出発点）とし、何をその基本とし、何をその究極目的とするのか。」と。（中略）如来が説かれた。「最高の智慧は、菩提（悟り）を因（出発点）とし、大いなる慈悲を基本とし、それらを実現する手立て（方便）を究極的なものとする。秘密主よ。菩提とは、自己の心をありのままに知ることである。秘密主よ。この最高の悟りは、それ自体、固有の存在として対象的に把握できるものではない。なぜなら、悟りは、『虚空』（空―縁起）であり、そこには認識主体もなければ、認識される客体もない。それは、悟りは、空という存在様式（無相）をとっているからだ。秘密主よ。諸の存在も無相である。これを『虚空相』というのである。」と。

第5章　アジア各地への伝播

（1）南方・上座部仏教

スリランカ、タイ、ラオス、ミャンマー、カンボジアなどへは南方・上座部仏教が伝わる。これらの国々は現在でも敬虔な仏教国で国民の大部分が仏教徒である。伝統的には「小乗」と呼ばれた部派仏教に属する南方・上座部仏教には、大乗仏教とは異なる様々な特徴が見られる。下に表にしてまとめておこう。

（2）漢訳仏教圏

1　中国仏教

中国には大乗仏教が主に伝わり、すでに高度に発達していた

	南方・上座部仏教	大乗仏教
理　想	阿羅漢	菩　薩
目　標	八正道の実践による解脱	六波羅蜜の実践による成仏 （理論上はだれでも仏陀になれる）
信仰の拠り所	歴史的存在としての釈迦の説いた法 （真理とその教え）	法（真理とその教え） 諸仏・諸菩薩
在俗信者	僧侶へ奉仕し功徳を積み、生天を目指す	仏・菩薩に帰依し、救済を願う
仏　陀	釈迦一仏 （ただし未来仏としての弥勒仏は立てる）	多　仏
出家の位置付	出家第一主義	出家のみならず在家も尊重
戒　律	厳しい	比較的ゆるやか
経　典	パーリ語	サンスクリット語、その漢訳、 チベット語訳等
教　派	一　つ	多　数
伝　来	南伝（スリランカ・タイ・ラオス・ ミャンマー・カンボジアなど）	北伝 （中国・朝鮮・日本・チベットなど）

（参考：ワング『仏教』青土社を大幅に改編）

中国文明と相互に影響し合いつつ受容された。中国的変容を経た仏教は、朝鮮や日本など周辺の中国文明圏に広がっていった。以下、時代ごとに、中国仏教の歩みを簡単にまとめておこう。

①　誕生伝訳の時代（前漢〜西晋　前一世紀頃〜三一六）

仏教の中国初伝については、『魏略』西戎伝元寿元年（前二年）には、大月氏（インド北西部のクシャン朝）の王が使者を派遣し仏教を中国に伝えたという記事が見える。当初、仏教は、王族や貴族を中心に、神仙方術の一種として受容された。中国古代の神秘思想である神仙方術は、修行によって不老長生と超人的なパワーを得ることを目指すものである。仏もまた、不老長生を実現させる「神」として信奉された。二世紀頃より、本格的な訳経が始まり、『安般守意経《あんぱんしゅいきょう》』『般舟三昧経《はんじゅざんまいきょう》』『首楞厳経《しゅりょうごんきょう》』など禅観関連の経典がさかんに漢訳されるが、これは坐禅瞑想が不老長生を得るための実践と受け取られていたことによると考えられる。漢訳経典の偏りということでは、因明《いんみょう》（仏教論理学）関連がほとんど受容されていないことも注目される。インドで隆盛を極めた仏教論理学関連の著作は、中国にもたらされたものの、簡単な入門書しか翻訳されず、しかもそれに対する関心も薄いものであった。これは、中国仏教の実践的特徴を表わすと考えられている。

中国仏教の初期においては、仏教の思想的理解はなかなか進まなかった。そこで、仏教の教理を説明する際に儒教や老荘思想の古典から類似の思想や用語を媒介にする格義仏教が発達した。たとえば、「空」を説明するのには老荘の「無」が援用された。このような格義が正され、仏教の真意に即した空の理解が普及するのは、鳩摩羅什による『中論』の翻訳をまってのことであった。

②　仏教定着の時代（東晋〜南北朝　三一七〜五八九）

魏晋南北朝時代は、中国史上有数の分裂抗争と混乱の時代であったが、人々の不安感や厭世感に応えて仏教が広まった時代でもあった。華北では北方の異民族の侵入が相次ぎ、異民族政権が各地に生まれた（五胡十六国と北朝）。異民族王朝では仏教に帰依する国王が相次いだ。彼らは、国家を統一する精神的原理を、漢民族の宗教である儒教や道教にではなく仏教に求めた。儒教による限り、異民族は文化的に劣った夷狄《いてき》（野蛮人。漢民族は中華思想によって四方の異民族を東夷、西戎《せいじゅう》、南蛮、北狄と呼んだ。夷狄はその総称）に過ぎない。そこで、万人の救済を説く普遍主義的な仏教を国家の精神的基盤としたのである。さらに、異民族の統治者は、殺戮と戦乱に終止符を打ち、混乱をおさめ、平和な統一国家を建設することが、不殺生と慈悲を説く仏の教えにかなったことであるとし、仏教の外護者たることによって、国家の正当な支配者であることを民衆に印象付けようとした。彼ら統治者は、仏教に呪術的機能を期待し、法会などの仏教儀礼を厳修し、造寺造塔事業を盛んに起こし、国家権力の強大さを顕示した。元来、仏教は、出世間の教えであり、政治に対して積極的価値を認めるものではないが、仏教発祥の地であるインドと比較した場合、国家権力の著しく強大な中国において、仏教は、国家の指導原理として機能することとなった。鎮護国家仏教の誕生である。他方、江南には漢民族王朝（呉・東晋・宋・斉・梁・陳）が興亡した。江南へは華北から戦乱を避けて貴族や豪族が移住し、優雅華麗な貴族文化が栄える中、世を逃れ超越的世界を求める風潮が知識人の中に広がり、仏教が受容されていった。

さて、中国仏教の展開の中で重要な位置を占めているのが、東晋の慧遠《えおん》（三三四〜四一六）である。彼は、廬山《ろざん》の東林寺に修禅道場を設け、持戒と般若学と禅定とを修し、般若台阿弥陀仏像前で一二三人の同志とともに念仏三昧の実践と西方浄土への往生を誓って白蓮社を結成し、中国浄土教の祖となった。彼は、当時長安にいて経典の画期的な翻訳を行っていた西域僧鳩摩羅什《くまらじゅう》から般若空観を学び、空思想の正しい理解に努めた。また、超俗の士である出家者は国家権力の外にあることを主張したその著『沙門不敬王者論《しゃもんふきょうおうじゃろん》』は、中国の伝統社会との対立を、仏教側の論理を貫徹することで解決をはかった画期的な著作として名高い。慧遠は、出家は「方外の賓《ひん》」であり「以って方外の道を弘む。」ことを使命とするが故に、世俗的秩序に束縛されないと説いた。このような主張が可能であったのも、南朝の皇帝権力が弱体であったからで、その後の統一王朝である隋や唐では、北地の国家仏教が継承されこのような主張の行われる余地はなくなった。しかし、たとえ弱体な王権の下で故に可能であったとしても、中国においてインド以来の世俗に対する仏教の基本的態度を貫いた意義は大きなものであったと言えよう。

慧遠とも親交の厚かった西域僧、鳩摩羅什《くまらじゅう》（三三四～四一三）は、経典の画期的な漢訳を行った。『法華経』『中論』『大品般若経』『小品般若経』『阿弥陀経』『維摩経』など、達意流麗な中国文による翻訳は、仏教の教理内容に対する理解を飛躍的に促進させ、中国で本格的仏教研究が発展する基礎を築いた。鳩摩羅什以降の翻訳は旧訳《くやく》と呼ばれ、後に原典を求めて自らインドに赴いた玄奘以降の新訳と併せて、代表的な漢訳とされている。鳩摩羅什以降の翻訳としては、東晋の仏駄跋陀羅《ぶっだばだら》訳『華厳経』（六〇巻）と北涼の曇無讖訳『涅槃経』（四〇巻）が重要である。特に『涅槃経』は、その「一切衆生悉有仏性《しつうぶっしょう》、如来常住無有変易《むうへんやく》」「常・楽・我・浄」の教義が一見般若空と相違するために大きな衝撃を引き起こした。中国では否定的な表現よりも積極的な表現が好まれたため、この教義の方が広く受容され中国仏教の基本思想となった。

③　成熟繁栄の時代（隋唐　五八九～九〇七）

前代の魏晋南北朝時代は、仏教が中国の地に定着した時代ではあったが、反面、教義理解という観点から見るならば、主としてインド仏教の輸入、消化の時代であった。隋唐時代になって初めて、中国独自の仏教が登場した。そのことの端的な表われが、教相判釈《きょうそうはんじゃく》と各宗の成立である。インドで長期間にわたって成立した膨大な経典群が、順不同で短期間に中国にもたらされたため、これらをどう整理し理解するのかという問題が生じた。そこで、ある特定の経典を主軸として、その他の経典が体系付けられた。これを教相判釈（教判）と言う。その典型が、『法華経』を真実として、その他の経典を方便とする、天台宗の五時八教の教判である。他にも、『華厳経』による華厳宗、『大日経』『金剛頂経』による真言宗、『中論』『一二門論』『百論』による三論宗、『成唯識論』による法相宗、『四分律』による律宗、『無量寿経』『観無量寿経』等による浄土教などが形成された。

　また、中国人の実践や現実を重んじる志向から、実践的色合いの濃い禅宗や浄土教が流行した。臨済義玄（?〜八六六/七）の臨済宗や、洞山良价《とうざんりょうかい》（八〇七〜八六九）、曹山本寂（八四〇〜九〇一）の曹洞宗などに代表される禅宗は、坐禅瞑想して開悟することを目指すが、坐禅のみならず、日常のすべての行為が修行であるとの観点から、作務をも重んじた。また、禅宗は、特定の所依経典を持たず、そのかわりに祖師の言行録である「語録」を多く作って、修行の基準とした。他方、浄土教は、曇鸞《どんらん》、道綽《どうしゃく》、善導らが出て、念仏思想を鼓吹し、後世、日本の源信、法然、親鸞らにも大きな影響を与えた。

　以上述べたように、隋唐時代は中国仏教の最盛期であったが、唐末に、武宗の廃仏があって諸宗が衰微し、民衆に根付いていた禅と浄土教のみが宗派として生き残って、これ以降両者を中心に仏教は大衆化の道を歩むことになった。

善導『観無量寿経疏』（**『観経疏』**）

善導（六一三〜六八一）は、唐代初期に長安で活躍した僧であり、曇鸞、道綽系の教えを継承発展させ、中国浄土教を大成した。日本の浄土宗において中国五祖の第三祖、浄土真宗において七高僧の第五とされ、わが国の浄土教の形成に大きな影響を与えた。特に、以下に挙げる「散善義」の一節は、法然が専修念仏に帰依するきっかけとなった文章として知られている。

『観無量寿経疏』「散善義」

原　文　一心に専ら弥陀の名号を念じて、行住坐臥に時節の久近を問わず、念念に捨てざるもの、これを正定の業と名づく。かの仏の願に順じるが故に。

現代語訳　ただ一筋に、他のもろもろの行を差し置いて、阿弥陀仏の名号を念じて、何をしている時でも、また、その時間の長短は問わず、念仏に念仏を重ねることを、正しい往生の業と名付ける。念仏こそが、かの阿弥陀仏が一切の衆生が往生するために立てた誓願に相応する行であるからだ。

臨済『臨済録』

臨済義玄（?〜八六六／七）は、唐代末期に河北で活躍した禅僧で、その言行録である『臨済録』は、「語録の王」とも呼ばれる。臨済は、原始仏教以来の無我説、大乗仏教の基本思想としての空観を、実践的に徹底し、何者にも、たとえば仏や経や教説にすら執着しない、自由で主体的な生を説く。それは、「無位の真人」とも「無依の道人」とも「一生無事の人」とも呼ばれる天衣無縫の自由人である。弟子を指導するにもその特性は発揮され、「臨済の喝、徳山の棒」と言われるように、師であれ、教えであれ、自分の外側の権威に依存しようとする弟子に対して、語気鋭く「喝」を浴びせかけ、絶対的自由の境地を弟子自らが体得すべきことを示した。ここでは、『臨済録』から、その「活潑々地《かっぱつぱっち》」（魚が跳ね上がるような、勢いある生き生きとした働き）たる言行がよく見て取れる個所を、上堂、示衆、勘弁からいくつか選んで示した。

まず、最初に臨済が法堂《はっとう》に登って説法をした際の、僧とのやりとりを挙げる。ここから臨済の自由自在な応対のあり様が見て取れる。そして次の示衆の二つの言葉からは、このような臨済の振る舞い方の根底にある思想が明らかになる。一切の外部の権威への倚りかかりを切り捨てよという主張は、「殺仏殺祖」という強い表現をとる。臨済が活動した唐末は、朝廷の力が弱体化し、地方にその統制が行きわたらなくなった乱世であった。河北地方では群雄が割拠し相争い、政治は混乱を極めていた。そのような中で何ものにも依存しない、主体的な生き方を説く禅は、人々の心を捉えたのである。最後の勘弁（禅僧が相手とのやり取りの中で互いの力量を見極めるという意味）では、臨済と僧たちとの応酬が語られるが、中でも印象的なのは普化《ふけ》である。普化（生没年不明）は、天衣無縫の振る舞いで臨済をもやりこめる。普化は、臨済の自由自在な側面をさらに純粋化したような人物で、その登場は『臨済録』全巻のクライマックスの一つと言えよう。

『臨済録』上堂

原　文

上堂、僧問う、如何なるか是れ仏法の大意。師、払子《ほっす》を竪起す。僧便ち喝す。師便打つ。又、僧問う、如何なるか是れ仏法の大意。師、亦た払子を竪起す。僧便ち喝す。師も亦た喝す。僧擬議す。師便ち打つ。

現代語訳

説法のため住持である臨済が法堂に上った。僧が質問した。「仏法の目指すものとはいかなるものか。」と。師は、払子を立てた。（僧の大上段に構えた概念的な質問に対して、概念によってではなくて具体的行動によって対応した。）僧は、即座に「喝」を師に浴びせかけた。（師の行動の真意も分からずに、師の指導法である喝を浴びせて、逆襲したつもりになっている。）師は即座に殴りつけた。また、別の僧が質問した。「仏法の目指すものとはいかなるものか。」と。師は、払子を立てた。僧は、即座に「喝」を師に浴びせかけた。師もまた「喝」を僧に浴びせかけた。僧は、すぐに対応できずためらった。師は即座に殴りつけた。

『臨済録』示衆①

原文

師、衆に示して云く、道流《どうる》、切に真正の見解を求取して、天下に向って横行して、這《こ》の一般の精魅に感乱せらるるを免れんことを要す。無事是れ貴人、但だ造作すること莫れ、ただ是れ平常《びょうじょう》なれ、汝、外に向って傍家に求過《ぐか》して脚手を覓《もと》めんと擬《ぎ》す。錯《さく》し了れり。ただ仏を求めんと擬するも、仏は是名句なり、汝還《は》た馳求《ちぐ》する底《てい》を識《し》るや。三世十方の仏祖来たるも、也《ま》たただ法を求めんが為なり。如今参学の道流も也た法を求めんが為なり。法を得て始めて了る。未だ得ざれば、依前として五道に輪廻す。云何なるか是れ法。法とは是れ心法。心法は形無くして、十方に通貫し、目前に現用す。人は信不及にして、便《すなわ》ち名を認め句を認め、文字の中に向って仏法を意度《いたく》せんと求む。天地懸《はる》かに殊なる。

現代語訳

師は次のように皆に説いた。「諸君、必ず真正の考え方を体得して天下を自由にのし歩き、世間にいる魔物ども（誤った考えの禅者）に惑わせられないことが肝要である。何かを外に求めずに、おのずからに任せ、ことさらに何もしない人こそ高貴な人である。作為を弄してはいけない。ただあるがままでいよ。お前たちは、関係のないところに見当違いに手助けを求めようとしている。全くの誤りだ。もし、お前たちが仏を求めたとしても、仏など仮の名前に過ぎない。お前たちは、一体、真に求めるべきものは何かを知っているのか。三世十方の世界に仏や祖師が現われたのも、ただ法（真理）を求めるためであった。今、参学している諸君も、また法を求めている。法を得ればそれで完了だ。もし、法が得られないならば、今までと同様に迷いの世界を輪廻転生するしかないのだ。では、法とは何か。法とは、心という法（真理）である。真理としての心は、色形を超えて全世界に遍満し、今ここで現に生き生きと働いている。人は、そのことを信じきれないから（仏だの悟りだのと）名前を立てて、文字の中に仏法をあれこれと推測している。天と地ほどに真理から隔たった考え方だ。」と。

『臨済録』示衆②

原文

道流、你如法に見解せんと欲《ほっ》得すれば、但だ人惑を受くること莫れ。裏《うち》に向い外に向って、逢著《ほうじゃく》すれば便ち殺せ。仏に逢ては仏を殺し、祖に逢ては祖を殺し、羅漢に逢ては羅漢を殺し、父母に逢うては父母を殺し、親眷に逢うては親眷を殺して、始めて解脱を得、物と拘らず、透脱自在なり。

現代語訳

諸君、お前たちが正しく認識しようとするならば、人から惑わされてはならない。自分の内であれ、外であれ、出会った者を即座に殺せ（それに対して依存したり執着したりする心を断ち切れ）。仏に逢ったら仏を殺し、祖師に逢ったら祖師を殺し、羅漢に逢ったら羅漢を殺し、父母に逢ったら父母を殺し、親類に逢ったら親類を殺して初めて、解脱できる。何ものにも縛られず、自由自在に突き抜けて生きられるのである。

『臨済録』勘弁①

原文

一日、普化、僧堂前に在って生菜《さんさい》を喫す。師見て云わく、大いに一頭の驢《ろ》に似たり。普化便ち驢鳴を作す。師云く、這《こ》の賊。普化、賊賊と云って、便ち出で去る。

現代語訳

ある日、普化は僧堂の前で生の野菜を食べていた。臨済が見て言った。「まるで驢馬のようだ。」すると、普化は、驢馬の鳴き声を出した（「ようだ」など生ぬるいことではなくて、すべてにおいて、私はそのものに成りきって全力で行為しているのだという主張）。臨済が、「この悪党め。」と言うと、普化は、「悪党だ、悪党だ。」（今度は悪党そのものだぞ、という主張）と言って、すぐに行ってしまった。

『臨済録』勘弁②

原文

普化、一日、街市の中に於いて、人に就いて直裰《じきとつ》を乞う。人皆な之を与う。普化倶に要せず。師、院主をして棺一具を買わしむ。普化帰り来たる。師云く、我れ汝の与《ため》に箇の直裰を做《つく》り得了《えおわ》れりと。普化便ち自ら担い去って、街市を繞《めぐ》って叫んで云く、臨済、我が与に直裰を做り了れり。我れ東門に往て遷化《せんげ》し去らんと。市人競い随って之を看る。普化云く、我れ今日未だし、来日、南門に往て遷化し去らんと。是の如くすること三日、人皆信ぜず。第四日に至って、人の随い看るもの無し。独り城外に出で、自ら棺内に入って、路行の人に倩《たの》んで之に釘うたしむ。即時に伝布す。市人競い往て棺を開くに、及ち全身脱去するを見る。祇《た》だ空中に鈴の響の隠隠として去るを聞くのみ。

現代語訳

ある日、普化が街中で、人に僧衣を施してほしいと頼んだ。皆、それを布施したが、そのどれも普化は拒んだ。臨済は、院主に一揃いの棺を買わせた。普化が帰ってきた時、臨済は言った。「私はお前のためにこの僧衣を作っておいた。」と。普化は、すぐにそれを自分で担いで、街中を「臨済が私に僧衣を作っておいてくれた。私は東門に行って死ぬぞ。」と叫び回った。町の人は、競って後に随った。普化は言った。「まだ早い。明日、南門で死ぬぞ。」と。このようなことが三日続き、人は皆、信じなくなった。四日目になると、もう誰も後をついて来なかった。すると、普化は一人で町の外に出て、自分で棺の中に入って、通りすがりの人に釘を打ってもらった。このことはすぐに噂になった。町の人が競って駆けつけ、棺を開けてみると、も抜けの空で、ただ空中を、（普化がいつも鳴らしていた）鈴の音が遠ざかっていくのがありありと聞こえるだけだった。

④　継承浸透の時代（五代〜宋・元・明　九〇七〜一六四四）

この時代、仏教は民衆に浸透し大衆化する一方、思想界においては儒教側の巻き返しにあって、存在感を示せなかった。当時盛んであった朱子学、陽明学など、新儒教とも呼ばれる宋学は、「偽装された仏教」とも言われることがあるぐらい仏教思想の大きな影響を受けている。孔子の樹立した儒教は本来、実践哲学であり、形而上学を持っていなかったが、新儒教は、仏教の壮大な思想体系からそれを学びつつも、仏教に対しては容赦のない批判を行った。仏教側は、儒仏道の目指すところは同じと三教一致を唱え応戦するが、かえって独自性を失ってしまった。また、この時代は、いわゆる五家《ごけ》（臨済、潙仰《いぎょう》、曹洞、雲門、法眼《ほうげん》の五派）を中心に禅宗が栄え、日本から、栄西、道元などが留学し、中国禅を日本に導入した。また、念仏禅が民衆に広がり、各層に禅宗が浸透した。しかし、禅宗全体としては唐代が最も活発な時代であり、それ以降は、大衆化はしたもののある種の形骸化を免れられない印象が強い。

⑤　融没世俗化の時代（清〜現代　一六一六〜）

清朝においても仏教は、思想的展開は乏しかったものの、社会的には一定の勢力を保っていた。支配者である満州族はチベット仏教を信仰し、一般民衆は念仏禅や道教などと習合した仏教を信仰していた。しかし、キリスト教の影響を受けた一神教を奉じる太平天国の乱で、仏教寺院は壊滅的な被害を蒙った。中華民国時代には、仏教は近代化を目指し教学研究を行ったものの、一九四九年、中国共産党によって中華人民共和国が建国されると、当初は、「宗教は民衆の阿片である。」というマルクス主義イデオロギーに従って、仏教も含めて宗教は否定された。その後、一挙に宗教を否定するのは現実的ではないとして、それなりの地位が与えられるようになったが、一九六六年から一九七六年まで続いた文化大革命では、原理主義的立場から再び宗教が否定され、多くの寺院が破壊された。近年は、伝統文化や観光資源の保護も考慮し仏教寺院の再建がはかられている。また台湾では、現在、仏教信者数も増加し仏教の教えに基づく社会活動が活発に行われている。

2　朝鮮仏教

古代日本仏教に大きな影響を与えた朝鮮への仏教初伝は、三七二年に、道安の弟子でもあった中国の前秦王苻堅が高句麗に使者を遣わし、仏典と仏像、僧・順道を贈ったことによる。その後、三七五年伊弗蘭寺《いふつらんじ》が建立され、招福を求める祈禱仏教が栄えた。百済への仏教初伝は、三八四年に東晋からインド僧摩羅難陀《まらなんだ》を迎えたことによる。翌年百済人一〇人が得度し、寺院も建立された。日本に仏教をもたらしたのは百済王である。高句麗、百済とともに三国時代を形成する新羅での仏教は、少し遅れて五世紀初頭、高句麗僧が王女の病気を治したことに始まる。特に、弥勒信仰によって結ばれた青年貴族の結社、花郎《かろう》が知られている。

六七八年、新羅が朝鮮半島を統一し、鎮護国家仏教が栄え、慶州仏国寺などの大伽藍も建立された。華厳・法相・禅などが受容され、学問仏教も盛んで、中国華厳宗の法蔵に影響を与えた元暁《がんぎょう》（六一七〜六八六）や、唐に留学して朝鮮華厳宗の開祖となった義湘《ぎしょう》（六二五〜七〇二）のような優れた学者も活躍した。他方、民衆仏教としては、土着のシャーマニズムと習合した弥勒信仰や浄土信仰などが広がった。新羅を滅ぼし、九三六年に王朝を開いた高麗は、仏教を国教としたが、外敵の侵入もあり政情不安が続いた。一二三二年の蒙古軍の侵入の際には五〇四八巻からなる高麗大蔵経の初彫本が焼失し、その後、再び六五五八巻の版木が彫られ、現在も海印寺に保存されており貴重な文化遺産となっている。日本の大正大蔵経の底本は、この高麗大蔵経の増上寺所蔵の版本である。一三九二年に高麗を滅ぼして開始した朝鮮王朝（李氏朝鮮）では、朱子学が国家の指導原理として重んじられ、仏教は弾圧され、禅宗系の曹渓宗のみが残り、現在に至っている。

（3）チベット仏教

チベット仏教は、歴史的には日本仏教とは直接関係がないとは言え、同じ大乗仏教であり密教が盛んであった点で共通している。ただし、日本が中国仏教の影響下にあったのに対して、チベットの方はインド仏教、特に、日本密教が受容しなかった後期インド密教を継承している。

さて、チベットに仏教が伝えられたのは、吐蕃と呼ばれたチベット初の統一王朝の創始者ソンツェンガムポ王（五八一〜六四九）の時代とされている。ティソンデツェン王（七四二〜七九七）は、壮大なサムイェー寺院を建設し、インドから中観派や密教を導入するなど積極的な仏教保護政策を行った。七九四年のサムイェーの法論では、「頓悟」

を説く中国禅宗の摩訶衍《まかえん》が、「漸修」を説くインドのカマラシーラ（中観派）に論破された。「頓悟」とは、修行階梯を経ず即今に悟りを開くことで、「漸修」とは、修行階梯を経て悟りを開くことを意味する。カマラシーラの勝利以降、チベットではインド仏教が主流となり、多くのサンスクリット経典がチベット語に翻訳された。チベット大蔵経には、サンスクリット原典が失われたものも含まれ、仏教研究の上で貴重な資料となっている。

八四三年の吐蕃王朝分裂によって仏教も衰微するが、一一世紀になると再び仏教復興の機運が高まる。特に、一四世紀後半には、チベット最大の宗教家と称されるツォンカパ（一三五七〜一四一九）が教風改革を行った。彼は中観帰謬論証派の教義を重視するとともに、顕教に基づく戒律遵守を密教修行の前提とする修道論（ラムリム）を主張し、従来横行していた性瑜伽を否定した。彼を開祖とするゲルク派は、現在に至るまで主流派となっている。一五七八年、ゲルク派のソナムギャンツォはモンゴル王侯アルタン汗よりダライラマの称号を得、これ以降、ダライラマは、代々、政教一致の統治者、観音菩薩の「化身」（いわゆる活仏）として、ポタラ宮に住み、全チベットに君臨することとなった。ポタラとは、観音の浄土のポータラカ（補陀落《ふだらく》）の訛ったものである。現在のダライラマ一四世（一九三五〜）は中国侵攻後インドに亡命し、以後、欧米を中心に世界各地にチベット仏教普及の活動を行っている。

チベットでは、ダライラマをはじめ、仏菩薩の化身とされる高僧が尊崇されている。前代の「化身」の死去の数年後には、その転生者の幼児が探し出され英才教育を施され、地位を継承する。彼らは、すでに煩悩を滅した存在ではあるが、他者を救済するためにあえて生死輪廻の世界に身を置くことを志したと考えられている。大乗仏教の中核にある「自未得度、先度他」（自分より他者の救済を優先する）の利他の菩薩行の精神が、「化身」という考え方の中に息づいているのである。

第二部　日本の仏教思想

仏教が、伝統的な日本人のものの感じ方や考え方の形成に果たした寄与も多大なものである。たとえば「いろは歌」（色《いろ》は匂《にほ》へど　散《ち》りぬるを　我世誰《わかよたれ》ぞ　常《つね》ならむ　有為《うゐ》の奥山《おくやま》　今日《けふ》越《こ》えて　浅《あさ》き夢《ゆめ》見《み》じ　酔《ゑ》ひもせず）は、空海の作と伝えられ（実際はその死後、平安中期の作）、現在でも広く知られているが、これは、『涅槃経』第一四聖行品《しょうぎょうぼん》をはじめ仏典にたびたび出てくる「諸行無常《しょぎょうむじょう》、是生滅法《ぜしょうめつほう》、生滅滅已《しょうめつめつい》、寂滅為楽《じゃくめついらく》」（もろもろの作られたものは無常である。生じては滅びる性質のものであり、生じては滅びていく。それらの静まることが大いなる安楽である。）という偈を邦訳したものである。この歌には、すべてのものは生滅変化するという仏教的な無常の理が読み込まれている。無常の理は、単なる世界の見方に留まらず、人の生き方や価値観、道徳意識にも大きな影響を与えた。無常の理を踏まえることによって、人々はものごとに執着しない生き方に目を開かされ、また、同じく無常な生を生きるすべての者への共感を学んだのである。

第二部では、日本における仏教思想の展開を時代に沿って、近代以前まで概観する。

第1章　古代日本仏教の思想

(1)　概　観

六世紀中葉、欽明天皇の時代に、日本に公伝した仏教は、当初こそ伝統的神祇信仰との葛藤があったが、その後は、大きな抵抗にあうこともなく根付いていった。伝来最初期は、渡来人系の豪族や天皇家などを中心とした、治病などの現世利益《げんぜりやく》や祖先崇拝と結びついた個人的信仰の色彩が強かったが、一大画期をなしたのが聖徳太子である。聖徳太子によって、仏教は、個々人の内面世界の支えとなるとともに、その普遍志向によって、個々の氏族の信仰の止揚を通じて中央集権国家の精神的基盤としても機能するようになった。聖徳太子の事績については近年、様々な角度から見直しが行われているが、東アジアの歴史の流れからすると中央集権化と普遍信仰の導入はいわば必然であった。

さて、聖徳太子の登場以降、仏教と国家との結び付きは密接なものになった。南都六宗（三論宗、成実宗、法相宗、倶舎宗、律宗、華厳宗）は、国家の保護の下、学問仏教として発展した。奈良時代における国家と仏教との関係は、一言で言うならば「統制の範囲内での保護」である。国家は、出家に際して国家の公認を不可欠とする度牒《どちょう》制を整備するとともに、僧尼令《そうにりょう》によって僧尼を主に鎮護国家のための儀礼執行者と位置づけ、自由な布教活動、遊行や私度を禁じた。他方、天武天皇は大安寺や薬師寺などの開基となり、聖武天皇は奈良に東大寺の大仏を、地方に国分寺を建立し、『金光明経』などの護国経典読誦や大規模な写経を行わせた。仏教の力による鎮護国家を図ったのである。このように国家仏教が栄える一方、諸国を遊歴して社会事業を行った行基《ぎょうき》に見られるように、民衆への仏教布教も盛んになった。自由な民衆布教は僧尼令への違反行為であったが、行基らはそれをものともせず、地縁、血縁を超えて仏縁、法縁によって結び付いた信者集団を形成し、土木事業等も行った。

南都仏教は政治と密着し過ぎたため、道鏡事件に見られるように弊害が目立ってきた。そのため、七九四年遷都を行った桓武天皇は、南都の寺の平安京への移設を許さず、奈良仏教との間に距離を置き、それに代わる新たな仏教を最澄に見出した。最澄は天皇の期待に応え入唐し、帰国して日本天台宗を確立した。最澄は大乗戒壇設置を主張し認められ、この後の日本仏教の展開に大きな影響を与えた。最澄と同時代の空海も入唐し、当時中国密教の最高峰であった恵果阿闍梨《けいかあじゃり》から長安で灌頂《かんじょう》を受け、真言密教を日本に伝えた。真言密教は東密と呼ばれ、天台宗の台密とともに、呪術儀礼として朝廷、貴族に歓迎され、また、思想、儀礼、芸術など各方面に大きな影響を与えた。

平安仏教として特筆すべきことは浄土教の流行である。その要因に末法到来説がある。戦乱や天災など社会的不安が広がる中、永承七（一〇五二）年が末法初年とされ、末世における救いは阿弥陀仏による浄土往生のみであると説かれた。浄土思想自体は、天寿国繍帳にも見られるように前代からあったが、平安時代になると市聖《いちのひじり》と呼ばれた空也の布教を契機として念仏の教えが民衆に広まった。また、比叡山常行三昧堂《じょうぎょうざんまいどう》では不断念仏が修され、天台僧源信が『往生要集』を著し「厭離穢土《おんりえど》、欣求浄土《ごんぐじょうど》」を訴えた。また、貴族たちによる念仏結社の活動も盛んになり『日本国往生極楽記』などの往生伝が著され、臨終の念仏儀礼に使用する来迎図《らいごうず》なども作成された。

（2）外来思想としての仏教の受容と定着

仏教の伝来

日本に仏教が公伝したのは、『元興寺縁起《がんごうじえんぎ》』『上宮聖徳法王帝説』によると五三八年、『日本書紀』によれば五五二年とされている。両系統の資料とも、百済の聖明王が欽明天皇に仏像と経典を贈ったとしている。年代も含めこれらの記事それぞれの信憑性について正確には決し難いが、いずれにせよ、六世紀中葉欽明天皇の時代に日本に仏教が公伝されたと言うことができよう。

当時、日本の朝鮮三国に対する関係は、基本的に百済と友好関係を結びつつ、状況に応じて新羅や高句麗とも結ぶというものであった。三国の争いが激化する中で、百済の聖明王は、高度な文明をもたらすという恩恵を与えて、朝鮮半島に権益を持つ日本との関係をより強固にするため、また、交誼を結んでいた梁の武帝（熱心な仏教信者で皇帝菩薩と称した）の意を迎えるためという政治的思惑もあって、日本に仏教をもたらしたのである。

さて、『日本書紀』欽明紀によると、百済の聖明王から仏教を伝えられた朝廷では、崇仏派の蘇我氏と、受容慎重派（排仏派）の物部氏らが争ったとされる。『日本書紀』の一連の破仏記事は、同一内容が繰り返されたり、表現が『金光明経』の文章の引き写しだったりして、原資料の正確な記録とは見なし難い点がある。また、近年、物部氏の本拠地跡に渋川廃寺が発掘され、物部氏も最新の文明としての仏教を積極的に受容していた可能性が高まり、仏教受容をめぐる豪族の対立ということ自体、歴史的事実かどうか見直すべきという議論も起こっている。となると、公伝記事の信憑性に疑問が出てくるのも無理もないことであろう。しかし、仏教公伝から百数十年後に、その出来事を記録する際に文飾が施されたとしても、また、現在明らかになりつつあるように、蘇我氏と物部氏の対立は、仏教の受け容れではなくて、他の権益が争点であったとしても、仏教が日本に受け容れられる際に、従来の信仰や祭祀との軋轢が生じ、それが『日本書紀』の記事として表現されたと考える方が自然であろう。欽明天皇一三（五五二）年冬一〇月条は次のような内容である。

百済の聖明王が、使者を通じて、釈迦の金銅の仏像、その飾りの幡や天蓋、経論何巻かを朝廷に献上した。その上表文には、「この教えは、素晴らしい教えで無限の『福徳果報』を生み、祈ることが何でもかなう。また、インドから朝鮮まで広く尊崇されている。これをもって、私は、日本にもこの教えが広まるように使者を遣わす。仏が『私の教えは東に伝わる』と言われたのを果たすのである。」とあった。天皇はたいへんに喜ばれ、使者に「このように素晴らしい教えは聞いたことがない。ただ自分では決められない。」と言われた。そして天皇が、群臣に「隣国が献上した仏の姿は見たことがないほど『端厳《きらぎら》し』い。礼拝すべきかどうか。」と尋ねたところ、蘇我稲目は「諸国がみな信奉する教えであるから日本も受け容れるべきだ。」と言ったが、物部尾輿と中臣鎌子は、「天皇が天下の王でいらっしゃるのは、常に天地社稷（あまつやしろ、くにつやしろ）の神々を定期的に祭祀するためだ。今、『蕃神《あだしくにのかみ》』（外国から来た神）を拝むならば、必ずや国神《くにつかみ》（日本の神）の怒りを招くことになろう。」と言った。そこで、天皇は「それでは稲目に預けて礼拝させてみよう。」と言われた。稲目は喜び、持ち帰り礼拝し、向原《むくはら》の家を清めて寺とした。すると、疫病が流行し多くの国民が死んだ。そこで、物部尾輿と中臣鎌子は、「仏を礼拝したせいでこのような事態になったのだから、それを捨てるべきだ。」と奏上した。天皇は、「その通りにせよ。」と言われ、役人が仏像を難波の堀江に流し捨て、寺を焼き払った。すると、風も雲もなかったのに、皇居の大殿に火災が起きた。

引用文でまず注目されるのは、上表文の仏教のもたらす利点として、それが願いをかなえる「福徳果報」を備えているという点と他の国々でも信仰されているという点が強調されていることである。仏教の教理内容についてはここでは何も言及されておらず、古代日本人にとっての世界で広く信仰されているという普遍性と、祈願が叶うという呪術性、つまり他界に働きかける技術力の高さが仏教の持つ魅力として語られているのである。さらに、仏像の持つ「きらきらしさ」について天皇が言及しているのも注目される。「きらきらしさ」とは、端的には金色に輝く金銅仏の様子を示すが、この言葉は、この世ならぬ美しさを表わす言葉である。仏像とは、この世を超えた存在であり、しかも、『日本書紀』では「蕃神」、『元興寺縁起』では「他国神《あだしくにのかみ》」とされ、共同体の外部からやってきた「神」として捉えられているのである。このような叙述から、伝来当初、日本古来の神々と仏との明確な区別はなされていなかったことが分かる。

そして、蘇我稲目は仏教の受け容れに積極的であり、物部尾輿と中臣鎌子は受け容れ反対であったとされる。これについては、両者の対立は史実としても、その原因が仏教受容をめぐるものであったのかどうかについて、近年、疑義が出されている。しかし、ここで注目したいのは、この説話は、最終的に国家仏教というかたちで蕃神（他国神）の祭祀が確立されるまでに、仏と日本の神々との関係をめぐる模索があった、裏を返して言えば、模索の末に日本の神々の祭祀体系が仏をその中に取り込んだということを語っている点である。この記事のテーマは、その葛藤であり、それを欽明朝にあった豪族同士の対立と絡めて説話化したものと思われる。

さて、物部尾輿の言葉からは、当時の祭祀に対する考え方が窺えて興味深い。尾輿は、もし、仏を祀るならば、日本の神々が祟りをなすと警告を発し、現に、その通りになる。従来祀られていた神が仏を祀ることを怒って祟りをなしたという伝説は、仏教がアジア各地で受け容れられるに際して広く語られた。たとえば、チベットには仏教渡来以前から日本の神道にも似た民族宗教ボン教があり、仏教受容に際してそれとの摩擦があったという伝説が残されている。

仏僧シャーンタラクシタがインドから招かれ王のために宮殿で説教をした時、聖なる山マルポリへの落雷や疫病などが起こり、大臣たちは、彼の説教がチベットの神々を怒らせたのが原因だと責めて、彼を追い出してしまった。やがて彼は、再度招かれるが、その時は、あらかじめ、インドから来た密呪師パドマサンバヴァがチベットの神々や精霊を呪術によって調伏し仏教の護法神としておいたので、彼はチベットに広く仏教を布教することが可能となった。

このチベットの伝説と日本の仏教初伝記事は類似している。両者ともに王が仏教を取り入れようとしたが、土着の神々が怒り疫病などの祟りをなしたので、いったんは仏教の受け容れを断念したというのである。そして、最終的には仏教が受け容れられ王権と仏教とが結びつく経緯をたどるところも両者は類似しているのである。

日本の神信仰――「祀る神」と「祀られる神」

さて、仏教の受け容れに伴う神々との葛藤を考えるにあたっては、日本の神についてまず、知っておく必要がある。以下、簡単に日本の神信仰について瞥見しておこう。

神に対する定義としては、本居宣長が『古事記伝』巻三で行った「何にまれ、尋常《よのつね》ならずすぐれたる徳《こと》のありて可畏《かしこ》きもの」が広く知られている。つまり、人間を超える優れた力を持った畏怖すべき存在が神であるというのである。日本では、人間の生活に密接に関わる自然物や道具、動物、人並はずれた能力を示す指導者や英雄なども神とされている。そして、神の持つ力そのものは、人間を超えたものであり、その力が、プラスのかたちで発現されれば人間に恩恵を与えるが、マイナスのかたちで現われれば祟りになる。祟りを避け恩恵を受けられるよう、神の力の発現の方向をプラスにコントロールするのが祭祀である。たとえば、古来農耕と密接に関わる川や水源の山は、神として崇められ、水害や旱魃を避けるために定期的に祭祀が行われ、人々は安定的な用水の確保を祈願した。ここで注目されるのは、神への祈願は、基本的には共同体の維持発展に対するものであったということである。伝統的共同体において、個人は共同体的存在であり、個の繁栄は共同体の繁栄に裏付けられていると考えられていたから、祈願も個の願望ではなくて、共同体の存続と発展を祈るものであった。

日本近代の代表的な哲学者、倫理学者であり日本文化研究にも大きな足跡を残した和辻哲郎（一八八九〜一九六〇）が、記紀神話の分析に基づいて指摘したように、日本の神には、大きく分けて「祀られる神」と「祀る神」の区別がある。祀られる神とは、恵みを与えると同時に祟りをもたらす神であり、自然のエネルギーを神格化したものと考えられる。祀る神とは、祭祀の執行者を神格化したものである。神格化するとは、ここでは、当該の対象を他のものと違う次元にある聖なるものとして区別し、それに対して特別な態度を取ることである。自然は、人間には如何ともし難い圧倒的な力を持つが故に神とされ、その自然の力を祭祀によってコントロールし得ると考えられていた祭祀者も、その力故に神として尊貴性を持つ。祭祀者の中でも最高の存在は天皇である。天皇は、神々の中でも最高の神である天照大神の子孫であるという血筋故に、神々を最もよく祀り得るものであると考えられた。祭祀の権威によって天皇の尊貴性は保証され、天皇自身、祀られる存在とされ、現人神《あらひとがみ》とされたのである。

注目されるのは、和辻哲郎が、祀る神は祭祀の持つ力故に、祀られる神よりも高い尊貴性を持つと説明していることである。つまり、和辻の前提は、神、すなわち人間の共同体の外部にある力は、祭祀者によって祀られ得るということなのである。この側面から、和辻は、祭祀の役割を、「不定の通路になる」とか「不定を一定化する」と言い表わしている。つまり、無制約的な自然の力を、人間の生活に役に立つ形で共同体に導入し、秩序を創出するのが祭祀の役割であり、それ故に古代日本の共同体においては、祭祀する神は、祭祀される神よりも尊貴な存在であるとされたのである。（ただし、祭祀する神が祭祀される神よりも尊貴性が高いというのは、祭祀をする側からの、つまり、秩序を維持創出する側からの価値付けであって、存在論的には、祭祀される側の方が、つまり共同体の外部にある自然の力の方が人間の秩序よりも強大であると考えられる。)

日本の神信仰――マレビト

さて、日本の神の特徴に関連しては、日本民俗学の開拓者の一人である折口信夫の所論が参考になる。折口は、日本の神はその原型において客神《まれびと》であるとする。神は、空や海の彼方、つまり、共同体の外部から訪れて、共同体を祝福し、また去っていく。共同体の外部とは、たとえば山や海の彼方や、地中、さらにはよその土地などとして形象化された。たとえば、日本の昔話には、山中で鬼に会ったり、海中の竜宮城を訪れたりする話があるが、これは、それぞれ山中他界や、海中他界の考え方に基づいており、日本の神信仰の原型である。桃太郎の昔話では、上流から桃が流れてきて、そこから桃太郎が生まれることになっているが、まさに川の上流は山中他界であり、そこから不思議な桃が流れてきたことから物語は始まるのである。ちなみに、近代以前の日本の物語は、多かれ少なかれ、現世を超えたものと現世との交渉をテーマとしている。他界とは、豊饒の国であり、先祖や神、鬼などの住まう国、現世とは違う秩序の支配する国である。また、そこは死者の行く国であるが、死者がそこで生き返るという意味で死と再生の国である。(仏教受容に際してもこの信仰は大きな影響力を持った。たとえば、折口は来迎図「山越しの阿弥陀像」の画因として、このような山中他界の古代信仰を指摘している。)

外部から来た神は、共同体の周縁に位置する祭祀施設において、祭祀者によって祀られる。この祭祀者自身、共同体の一員でありつつ外部への接点となるという意味で周縁的な存在である。神は、他界から来訪し、共同体を祝福し、また去っていく。このような外部から来訪する神の面影は、定住せずに放浪する芸能者や、行基、一遍など遊行する僧侶、また様々な理由によって都から流離する貴種の中に見出され、日本の芸術や文化の枠組みを作っているると折口は主張するのである。

仏教と日本の神

以上述べたような日本古来の神観念を基盤として、仏教は受容された。それは、仏教の思想内容が受け容れられたというより、日本の神よりもさらに強力な威力を持つ神としての受容であり、共同体の外部からやってきて共同体を言祝《ことほ》ぐ神の力の導入であった。日本の神々は、基本的には共同体を取り巻く自然のエネルギーを神格化した神々であったのに対して、仏教の仏は、文明の持つ圧倒的な力——たとえばそれは、光輝く仏像や漢字を書き連ねた経典や堂々たる威容を誇る伽藍として発現する——を神格化したものであり、僧侶はその力を導入する祭祀者であった。そして、両者の力の質は違っていたにせよ、それらが恩恵を与え、また祟りをなす強力な外部的力として捉えられていたことは確かであろう。

さて、上掲の『日本書記』の記事の末尾では、仏を祀り日本の神々を蔑ろにしたから日本の神が祟り疫病が流行ったと、物部氏らが仏像を難波の堀江に捨ててしまう。この行為は、悪や穢れを払い捨て、水に流してしまうという「清め祓《はら》い」の発想による。つまり、ここでは、旧来の神信仰を擁護する側から、仏は共同体の秩序を乱す悪とされ、祓い清められているのである。しかし、「(仏像を流し捨てた後)風も雲もなかったのに、皇居の大殿に火災が起きた。」という記事は、仏もまさに祟り神であることを述べている。風も雲もないのにという表現は、その災いが突発的なものとして起こったことを示す。この突発性は神の祟りの大きな特徴である。神が顕現(祟り=立ち現われ)する時、それは日常の側からすると常に予想もつかない、突発的なかたちで現われるのである。風もないのに、天皇の居所であり神々を祀る神聖な場所である「大殿」に火災が発生したというのは、仏が共同体の秩序にとっての単なる悪、穢れではなくて、本来、神として扱われるものであるにもかかわらず、神として正しく祭祀されていないので祟りが起きたということを意味する。そして、その祟りが激しければ激しいほど、それが祭祀を媒介にして転ぜられた時の恩恵も卓越したものであると考えられる。とするならば、ここで、仏という「客神」をどのように祭祀するべきかという問題が浮かび上がってくる。

仏の「祀り」

「客神」の祭祀という問題の解決に関連して、翌年五月の以下のような記事が示唆的である。

夏、五月一日、河内国（大阪府）から「泉郡の茅渟《ちぬ》の海の中から、音がする。響きは雷の音のようで、太陽のように美しく照り輝いている。」と知らせがあった。天皇は不思議に思われ、溝部直《みぞべのあたい》を遣わし海の中を探させた。すると、溝部直は、海中に光り輝く楠があるのを見つけ、それを天皇に献上した。天皇はこれを画工に命じて仏像を造らせた。これは今吉野寺で光を放っている楠の仏像である。

茅渟の海中で起こった不思議な現象は、まさに、祀りが要求されている状態であると言えよう。現世の秩序におさまりきらない外部の力の生のままの表出が、不思議な音や光である。原文では、この音は「梵音《のりのおと》」とあり、通常、仏法の音、すなわち、法会などで演奏される楽器の音と解されるが、これは、後にその力を仏教が取り込んだという結果を先取りしてこのような言葉を用いているのであって、説話の構成からすると、当初においては、何者によっても枠付けされていない原初の音であり、光であったはずだ。このような現象が、欽明天皇の治世下で突如として起こった。これは、外部の力の無媒介な表われという意味においては、祟り神に祟られている状態とも言えよう。

そして、この怪異現象については、直ちに天皇に報告がなされる。前述の和辻哲郎は、天皇について、祭祀を執行することで「不定」なる力への通路となると説明している。つまり、祭祀とは、外部にある無制約的な力を一定のものとして限定することなのであり、それを通じて現世の秩序が創出されるのである。しかし、一定化され整序されていない力の現われは、現世の秩序に対する脅威である。そこで、祭祀によって現世の秩序を確保すべき天皇に、その報告がなされ、天皇には、自ら祭祀によって確保している秩序におさまらない力に対処することが求められる。このような力を放置しておくというのは、秩序の側にとっては危険なことであるのだ。

そして、天皇の臣下である溝部直が現地に赴き、それが楠であることを知る。奈良時代末期から平安時代初期にかけて成立した日本初の仏教説話集『日本霊異記』には、この欽明朝に起こったのと同様の出来事が敏達朝の出来事として収録されているが（上巻第五縁）、そこではこの楠は、「霹靂《かみとけ》にあたりし楠」（雷の霊気を蒙った木）と説明されている。日本のみならずアジア各地に分布する雷神信仰において、雷神とは、時に龍ともされる蛇体の神で、水を司る神でもあった。そして、本話において、この雷神は、典型的な祟り神であり、その祟り神が乗り移った楠とは、まさに、共同体の秩序を脅かすものだったのである。

そして、先の祟り神としての楠は、欽明天皇の命令によって仏像という形を与えられ、吉野寺に安置されることになる。つまり、ここで、不定なる力が、一定化され秩序の中に組み込まれていくのである。怪しい光や音の源である楠を刻んで仏像にすることは、共同体の外部の力を共同体に取り込む「祭祀」なのである。（ちなみに言えば、楠が「くすし」（不可思議である）などと語源を同じくすることにも表われているように、楠などの常緑樹は不死を感じさせることから、日本の古代信仰においては、神の宿る神聖な樹である神籬《ひもろぎ》とされていた。中国や朝鮮では金銅仏や石仏が多かったのに対して、日本古代の仏像はそのほとんどが楠製であると言われている。これには、風土的特性の他、楠を神聖視する古代の神信仰も反映されていると考えることができる。）

以上から分かるように、この茅渟の海の中で不思議な現象を起こさせた楠を仏像に刻ませ寺に安置させたということは、天皇が仏を祭祀するその仕方が定まったということである。仏教初伝―破仏―楠の仏像の製作という『日本書紀』の一連の説話が語るのは、天皇を中心とする祭祀秩序の中に、仏教が組み込まれたということである。天皇の住まう大殿に火災を起こさせるほどの強いエネルギーを持った祟り神である仏の力は、仏像や寺という装置を通じてこの世の中におさまった、それをさせたのが天皇である、というのが、この一連の仏教伝来説話の語ろうとしていることだと言っていいだろう。後に発達した鎮護国家仏教などは、まさにこの構図の中で展開していったのである。

（3）　聖徳太子

上述のように、伝来当初、仏教は、先行する日本の神信仰の文脈で受け容れられた。このような中で、仏教の教理内容が理解され、仏教の教えが機能し始めたのは聖徳太子（五七四〜六二二）を嚆矢とする。本節では聖徳太子の業績について考えてみよう。

聖徳太子と十七条憲法

聖徳太子は、用明天皇の皇子で、飛鳥時代の代表的政治家、思想家である。父方も母方も蘇我氏に繋がり、仏教を積極的に保護したと言う。『日本書紀』の記事によれば、聖徳太子は、推古女帝の摂政として政治を司り、冠位十二階、十七条憲法制定、遣隋使、斑鳩宮《いかるがのみや》と斑鳩寺（法隆寺）の造営、新羅遠征、『勝鬘経』『法華経』の講説、『国記』『天皇記』編纂等の事業を行ったとされる。

聖徳太子という名は死後に神格化され超人的伝説に彩られるようになってからの呼称であり、古くは厩戸皇子《うまやとのみこ》、豊《とよ》聡《と》耳《みみ》皇子、上宮太子《かみつみやひつぎのみこ》と表記されていた。近年は、厩戸王と併記されることも多いが、これは、信仰の対象とされてからの呼称を避け、また、皇子という呼称は天武朝に成立した天皇号に対応するものであり、それ以前は大王の子は王と呼ぶのが適切だという考え方による。しかし、本書においては、歴史的事実そのものではなくて、思想史的リアリティに注目する立場を取るので、ここでは聖徳太子という呼称を用いる。

また、『日本書紀』が、聖徳太子を、推古女帝の「摂政」をつとめた「皇太子」と伝えていることに関して、当時は、まだ「摂政」という役割もなければ、次期即位予定者を前もって「皇太子」として指名しておく制度もなかったのだから、この記述一つとってみても聖徳太子の歴史的実在性は疑わしいとする研究者もいる。しかし、徳望のある若年皇族が、女性天皇を助け次期即位者として期待されるという状況を、『日本書紀』の時代の言葉によって説明しているとも考えられるのであり、このことをもって聖徳太子が存在しなかったということはできないと思われる。どちらにしても、本書では、歴史的実在性については当面、蘇我氏と協力して内政、外交、仏法興隆に尽くした有力皇族がいたはずであるという判断以上のことは行わず、むしろ、『日本書紀』成立当時、聖徳太子はどのようなものとして理解され、それは日本仏教のどのような面を表わしているのかということに焦点をあててみたいと思う。

まず、聖徳太子の作と伝えられる「十七条憲法」から検討してみよう。これについては「国司」(第一二条)などその用語が当時のものではないなど、津田左右吉(一八七三～一九六一)以来、根強い偽撰説もあるが、たとえ原文そのままではないにしても何らかの原型的文書があったと見るのが妥当である。「十七条憲法」の基底にあるのは、国家と仏法との結合であろう。『日本書紀』によれば、聖徳太子は摂政として「三宝興隆の詔」を出し、仏教興隆政策を行った。聖徳太子は、まず為政者として、「国家の福利」を増進するものとして仏法を積極的に用いようとしたのである。インドの初期仏教においては、国王は基本的に収奪者とされ、国王にことさらに逆らう必要はないが、同時に国王に従う必要もないとされ、仏教教団は国家秩序から独立した治外法権を主張した。他方、古代以来、中央集権的王権が成立していた中国においては、仏教も国家権力に従属し鎮護国家仏教が盛んになった。中国仏教の強い影響を受けた、朝鮮や日本の仏教も同じく鎮護国家的な傾向が強く見られるのである。

さて、「十七条憲法」の各条は、官人（国家の役人）に心得を説く訓戒のかたちをとる。官人とは、君と民の間にあって国政の一端を担い、かつ宮中儀礼を執行することで国家秩序を維持し、国家の福利を増進させる存在であった。このような官人に対して、「国家永久」（第七条）を達成すべく、聖徳太子が説いた「十七条憲法」の第一条は次のようなものである。

原　文

一に曰く、和を以て貴しと為《す》。忤《さか》ふること無きを宗《むね》と為。人皆党《たむら》有り、亦達《さと》る者少なし。是を以ちて、或いは君父に順《したが》わず。乍《ある》いは隣里に違へり。然かるに上和らぎ下睦びて、事を論《あげつら》ふことに諧《かな》ふときは、則ち事理自ずから通ふ。何《いずれ》の事か成らざらん。

現代語訳

第一条。和を尊重し、人に逆らわないことを心がけよ。世人はとかく党派を結びがちであり、また、物事を弁えた人は少ないから、主君や親に逆らったり、近隣の人と争ったりする。しかし、上に立つ者が下の者に和やかに接し、下の者も上位者に親しんで、穏やかに議論すれば、物事の理はおのずから明らかになり、何事もうまく行くのである。

ここで言われている「和」の典拠については諸説あるが、やはり仏教の「和合僧」から来ていると見るのが適当であろう。「和合僧」とは、僧が互いに協力し、悟りを目指して修行する共同体（僧伽）を指す。官人たちは、様々な位階にあるが、上位者も下位者も互いに協力し、一人よがりな偏向に陥らないよう、常に話し合いながら、国家の福利を増進させるべきなのである。

人間が陥りがちな自己中心性を避け、常に他者に対して謙虚で開かれた存在であるために、太子は、たとえば、第一〇条では「忿《いかり》を絶ち瞋《いかり》を棄て、人の違ふことを怒らざれ。」（怒りを捨てて、他人が自分とは違うことを言っても立腹するな）と言い、第一七条では、「夫れ事は独り断《さだ》む可らず。必ず衆《もろもろ》と与《とも》に宜《よろ》しく論《あげつら》ふべし。」（為政について独断専行してはならない。必ず他人に相談して行いなさい）と言っている。そして、このような態度を根底から支えるのが仏教なのである。そのことがよく窺えるのが、第二条である。

原文　二に曰はく、篤く三宝を敬へ。三宝は仏法僧なり。則ち四生の終帰、万国の極宗なり。何《いずれ》の世、何の人か是《こ》の法《のり》を貴ばざる。人尤《はなは》だ悪しきもの鮮《すくな》し。能《よ》く教ふるをもて従ふ。其れ三宝に帰せずんば、何を以てか枉《まが》れるを直さむ。

現代語訳　第二条。篤く三宝を敬いなさい。三宝とは、仏と法（仏教の教え）と僧である。仏教とは、四生（胎生、卵生、湿生、化生のこと、すべての生物）の最終的な拠り所であり、万国が則るべき究極である。どの時代も、どの人も、仏法を尊重しないということはない。その本性が極悪であるという人は、めったにいない。だから、教化可能なのである。三宝に帰依することによって、その人の偏向を正すことができるのである。

ここで太子は、仏教の教えに従うことが、人が自己中心性を免れ、他者を尊重することの基盤をなすと説く。仏教の教えの中心となるのは、無我（非我）であり、空―縁起である。自己を固定的な自我とすることを否定し、自己が様々な関係の網の目を担う一つの結節点であり、関係的に成立したものと捉えることは、仏教教理の基本である。このような基本教理に基づいて、太子は「三宝に帰せずんば、何を以てか枉れるを直さむ。」と言っているのである。「共に是れ凡夫《ぼんぷ》のみ」（自分も他人も凡夫に過ぎない。第一〇条）という自覚のもとに、自己を相対化し、自己中心に陥っていないかを省みるべきだと主張するのである。

さらに、ここで注目されるのは、太子が「人尤だ悪しきもの鮮し。能く教ふるをもて従ふ。」と述べている点である。つまりここで太子は、人の中に善への可能性を認め、それ故に教化が可能であるとしている。このような考え方は、太子が講説したと伝えられている『法華経』や『勝曼経』の中に顕著に見られる。『法華経』においては、小乗の徒も大乗の徒も同じく悟れるとする一乗思想が宣揚され、また『勝曼経』では、万人に仏性（仏の本質）が備わっているが故に仏（真理を悟った者）となることが可能であると説かれる。つまり、太子は仏性思想、一乗思想に則って、万人の教化可能性を主張しているのである。

以上のように、太子は仏教に依拠して、官人たちに心得を説く。ここで重要なのは、太子において仏教への帰依が、決して現世否定へと直結しないことである。太子の死後に未亡人の発願によって作られた天寿国繍帳銘《てんじゅこくしゅうちょうめい》に、太子の言葉として「世間虚仮《こけ》、唯仏是真《ぜしん》」とあることはよく知られているが、この言葉は、単なる現世否定思想の現われとして解釈されてはならない。もちろん、もし「世間」（世俗世界）が「真」であったら、そもそも仏教に帰依する必要などないのであり、世間が「虚仮」であり無常であるからこそ、真なるものが仏教に求められるのであるが、太子において、さらに言えば、日本仏教の多くの場合において、このことは現世否定には結びつかない。すべてを相対化し、否定するとは、現実の真の姿を見ることであり、その上で真なる教えである仏教に基づいて、もう一度現世が新たなものとして意味付けられる。つまり、「虚仮」であるはずの「世間」が、仏教の無我や空――縁起の教えによって裏打ちされることによって、衆生を教化し安楽を与えるべき場として新たな相貌をもって、肯定されてくるのである。

では、そこで達成するべき理想世界は、当時の日本の現実に即して、どのようなものと捉えられていたのだろうか。その具体的なありように関して、第三条では「詔《みことのり》を承《う》けては必ず謹め。君をば天《あめ》とす。臣《やつこらま》をば地《つち》とす。天覆ひ地載するとき、四時順行して、万気通うことを得。」（君主たる天皇の命令には謹んで従え。君主は天であり、臣下は地である。天が地を覆い、地が天を載せる時、四季は正しくめぐり、生々の気が満ちるのである）と言われ、第四条では、「群卿《まちぎみたち》百寮《つかさづかさ》、礼を以て本と為《せ》よ。（中略）君臣礼有るときは、位の次《つぎて》乱れず。百姓礼有るときは、国家《あめのした》自ら治まる。」（もろもろの役人たちは、礼に依拠せよ。（中略）主君と臣下との間に礼が存在する時には、秩序が保たれて乱れない。一人一人の国民が礼を持つならば、天下がおのずから治まる）と言われている。第三条からの引用にしても、第四条からの引用にしても、いずれも君臣が一体となり国家における秩序を維持し、秩序を支えるところの「礼」（祭祀儀礼、制度、文物をも含む生活規範）を遵守することによって世界全体が調和し安定することを説いているのである。

そしてこのような「礼」によって、その秩序を支えられる国家を、太子は「公」として捉える。たとえば第一五条には、「私を背いて公に向くは、是れ臣の道なり。凡そ人私有れば必ず恨《うらみ》有り、憾《うらみ》有れば必ず同《ととのほ》らず。同らざれば則ち私を以て公を妨ぐ。憾起れば則ち制《ことわり》に違ひ法《のり》を害《やぶ》る。」（私に背いて、公を志向することは、臣下としての正しいあり方である。おおよそ、人が私に固執すれば、それが通らない怨みを抱くことになる。怨みがあれば、共同性から離脱してしまう。そうなれば、私によって公を阻害することになる。怨みが起これば、秩序や制度を害するのである）とあり、自らの私情を捨て、公に奉公する、即ち、国家のために尽くすことが官人としての正しいあり方であると主張する。私情は常に公共性や共同性からの逸脱であり、「恨」「憾」として発動してしまうというのである。

このような観点から、当時の日本の統治者階級を見てみると、それは、豪族がそれぞれに「私」を主張しあい、相争う状況として捉えられることになろう。そのような中で、「十七条憲法」は、私情を捨て従うべき「公」を提示することによって、国家的統一の達成をはかったものであり、しかも、自己中心性からの脱却を説くとともに、普遍宗教であることにおいて部族的偏狭さを突破し得る仏教に依拠して、それを成し遂げようとした。つまり、仏教の説く無我の教説に基づいたエゴイズムからの脱却と普遍的「法」（仏教）への帰依とが、部族的特殊性からの脱却と「普遍的国家」の理想の実現と重ね合わされたのだと言えよう。

「普遍的国家」とは、部族的対立を超えて、政治的軍事的に統一を達成した国家であり、統一にあたっては、精神面での統一も重視される。そこでは、諸部族の対立を超えた精神的指導原理が要請される。このような原理とされたのが、万人の普遍的な救済を旗印とした世界宗教（普遍宗教）である。世界宗教の持つ普遍性が部族的特殊性を超えるにあたって有効であったのだ。中村元は、その著『普遍思想』（中村元選集〔決定版〕別巻第二巻）の中で、「普遍的国家」を建設した代表的人物として、聖徳太子、アショーカ王、コンスタンティヌス大帝などを挙げた。彼らは、それぞれに、仏教、キリスト教など、普遍宗教の擁護者であり、それを、自らが建設した普遍的国家の指導原理とした。

そのような公共的国家において、官人は為政の一端を担う者として、国家のため、民のために公益の増進をはからなければならない。第一六条では、民を使役する際には、農繁期を避け、農閑期にするべきであるとして、官人の民への配慮が説かれる。太子のこのような民への配慮は、たとえば、太子が建立した四天王寺に、貧窮孤独の者のための施設である悲田院《ひでんいん》や、病人のための施薬院《せやくいん》、療病院などが附設されたことからも分かる。『法華義疏』において、『法華経』安楽行品で「常に坐禅を行え」と勧めている個所が「常に坐禅を行う人には近付くな」と読み替えられて、利他行の意義が強調されたことにも端的に表われているように、太子は、自分一人が成仏するのではなく、他者とともに成仏することを求める。太子は、民を菩薩の慈悲行の対象と考え、現実における利他の実践を重んじたのである。

以上、「和国の教主」と呼ばれる聖徳太子の事績について、十七条憲法を手がかりとして概観した。太子が受容し展開させた仏教の質は、その後の日本仏教の導きの糸となる。どのような人間でも仏教によって教化可能であり、善へと導くことができるという法華一乗思想や仏性思想、現実における利他行を尊ぶ実践主義、そして、仏教は世俗秩序と対立するものではなく、それを基礎付け補完するものであるという考え方は、その後の日本仏教の基本主張となったのである。

聖徳太子信仰——片岡山説話

さて、聖徳太子に対する神格化は、早い時期から行われている。その神格化の内実を探ることは、太子の菩薩行の対象となった人々が、太子をどのような存在として理解していたのか、さらには、日本仏教において仏菩薩はどのような形でこの世に表われると考えられていたのか、ということを明らかにする。以下、『日本書紀』推古天皇二一年一二月一日条の記事をてがかりに考えてみよう。

要約

聖徳太子が片岡に遊行したところ、餓えた人が道の辺に倒れていた。名を聞いたが名乗らず、太子は飲食物を与え、さらに自分の着ていた衣服をその人に着せかけ、安らかに眠れと言って歌いかけた。

級照《しなてる》片岡山に　飯《いい》に飢て臥《こや》せる　彼の旅人哀れ　親なしに汝《なれ》生りけめや　刺竹の君はや無き　飯に飢て臥せる　彼の旅人哀れ（片岡山に　飯に飢えて横たわっておられる　その旅人には心を揺さぶられる　親なしにあなたは生まれたのでしょうか　主人はいないのでしょうか　飯に飢えて横たわっておられる　その旅人には心を揺さぶられる）

翌日、太子は、使者を遣ってその人を見に行かせた。使者は、帰ってきて「もう死んでいました。」と申し上げた。太子は悲しんでその場所に墓を作って埋葬させた。数日してまた使者を召し、「あの者は普通の人ではなく、真人《ひじり》であろう。」と言ってまた見に行かせた。使いが戻ってきて、「墓の中に遺骸はなく、棺の上に太子からもらった衣服が畳んでありました。」と報告した。そのことを聞いた太子は、その衣服を持ってこさせ自分でまた着た。時の人は、「聖が聖を知る」と言った。

さて、片岡山で聖徳太子は、一人の「飢者」にあう。飢えて横たわっている瀕死の男を見て聖徳太子は、飲食物と自分の着ていた衣を与え、さらに名を問う。その男は名乗らないが、聖徳太子は、その男の正体を見極め、歌を詠みかけ、男が死ぬと墓を造らせた。

この一連の叙述の基底として考えられるのが、神祭祀である。この飢えた瀕死の男は、聖徳太子の歌の中で、「親も主人もいないのか。」と詠まれているように、共同体の安定的な人間関係から疎外された流離する存在であり、共同体にとっては、外部からやってきた「異人」であった。その意味で、この片岡山説話は、説話の類型で言うところの貴種流離譚、異人歓待譚などの系譜にある。さらに、その外部からやってくる「異人」は、折口信夫が言うところの客神《まれびと》の面影を宿していると言える。つまり聖徳太子は、神祭祀の構造の中では、祭祀者の役割を果たしており、そのような文脈において、飢者に与えられた飲食物や衣服というのは、神に捧げられる神饌であり神衣であるということになるし、歌も神に捧げられたものとなる。先述のように、天皇（聖徳太子は皇太子・摂政であることによって天皇に準じた者である）は、祭祀によって尊貴性と権威を得るのであり、ここで聖徳太子は、「祀る神」として「飢者」を祀っているのだ。（「飢者」に対し「臥《こや》す」〔お臥しになる〕という尊敬語が使われていることからも、この者が単なる行き倒れではないことが分かる。）

以上を踏まえると、聖徳太子が「遊行」していたのは、まず、祭祀をすべき対象に出会うためであったと解釈することができよう。聖徳太子は、『日本書紀』においては、仏教信者であると同時に祭祀者として捉えられている。物部氏との戦いにおいて蘇我氏側についた聖徳太子が、仏教の守護神たる四天王の像を刻んで祀ったところ、劣勢を逆転して蘇我氏側が勝利したという記事が示す通り、聖徳太子は、神（この場合は仏教の守護神であるが）を祀り、それによって共同体に福利をもたらす存在である。聖徳太子は、政治を通じて民の安寧を確保すると同時に、祭祀によってもそれを実現しようとしている。外部から到来する客神《まれびと》を祀ることは、その実現に寄与することであり、もしその客神の到来を見過ごしたり、適切に祀ったりすることができなければ、共同体の安寧秩序は脅威にさらされるのである。

共同体の外部から到来する客神は、共同体の内部の人間にとっては、共同体の秩序に収まらないという意味で、常に異形なるものとして立ち現われる。ここでは、その異形性は、共同体から流離して行き倒れた旅人という形で現象している。その男の客神《まれびと》性を見極めた聖徳太子は、その男が亡くなると、その遺骸を墓に葬らせるが、翌日、墓はもぬけの空で、聖徳太子が与えた衣服だけが残っており、聖徳太子はその衣を再び身にまとった。この説話の根底にある祭祀の構造は、太子が行路病者に与えた服を再び着たということのうちにも見て取れる。神に捧げた服をまた着るというのは、祭祀の最終場面である直会《なおらい》において、神に捧げたものをお下がりとして人間たちが頂くということに対応していると考えられよう。

しかし、このように神信仰に基づく祭祀を基底としつつも、それに収まりきらない要素がこの片岡山説話にはある。つまり、この説話において、太子は仏教者としても注目すべき一面を示している。片岡山説話においては、「真人《ひじり》」などの道教的用語が用いられ、また葬った筈の遺骸が無くなるという道家の術、尸解《しかい》が物語の結末となっているところから、この説話が道教的思惟のもとに形成されたとする指摘が行われることがある。しかし、この説話のモティーフとして重要なのは尸解の術による魂の登仙ではない。そのような、共同体を離れたところで我一人、不老不死の境地を楽しむというあり方は、聖徳太子の奉じた大乗仏教からするならば認められるものではない。むしろ、道教は、ここでは意匠と考えるべきであり、この説話を考える上で重要なのは、仏教である。『日本書紀』において、聖徳太子は、一貫して仏教の帰依者、宣布者として描かれており、その点を踏まえれば、この片岡山説話も当然、仏教説話として理解されるべきである。

まず、この片岡山説話に関しては、聖徳太子が飢えた瀕死の男に飲食物や衣服を与え、遺骸を丁重に葬ったことを「慈悲行」の実践と捉える考えがある。また、後世、飢者は、達磨大師の化身であり、聖徳太子の慈悲心がどの程度のものであるのかを確かめるために現われたという伝説も盛んに語られるようになる。もちろん、この片岡山説話が、大乗仏教の利他行や慈悲の精神の宣揚を含意していることは言うまでもない。しかし、この説話には、利他行や慈悲をさらに基礎付けるとでもいうべき、より深い洞察が含まれていると思われる。それは、この説話において聖徳太子が遊行《ゆぎょう》する聖《ひじり》、すなわち、遍歴修行者としても、造型されていることである。つまり、この世界において様々なものと出会いつつ、その出会いを契機として、開悟成道、真理体得を目指す修行者として登場しているのだ。聖徳太子が奉じる大乗仏教は、自利行が即、利他行であるところに特徴がある。つまり、自己が悟りを求めていくということは、自分だけが煩悩を滅して悟りの境地に到達して解脱を実現し、輪廻転生を離脱するということではなくて、最終的には他者とともに成仏するということなのだ。

片岡山を「遊行」する聖徳太子が出会ったのは、一人の行き倒れた飢者であった。遊行者は、超越的真理を媒介し体現する他者を求めて遍歴するのであり、その飢者こそが自己が出会おうとしていた他者であって、また自分と同様の聖《ひじり》であることを聖徳太子は見てとる。ここで聖が聖に出会い、出会いにおいて自らの「聖」性がさらに確証されていると言えよう。これこそが、まさに、大乗仏教の求める「共同成仏」なのである。（このような遍歴放浪者の系譜はその後、日本思想史上で頻繁に現われてくる。たとえば各地の山林で修行したと伝えられる空海も、踊念仏をしながら日本各地を遍歴した一遍もこの系譜につながるだろう。さらに、謡曲において歌枕を旅して亡霊の鎮魂を行う諸国一見の僧も典型的な遊行者である。）

聖徳太子が出会った飢者は、「隠身《おんしん》の聖《ひじり》」である。これは、神聖なる存在が、市井の者、多くは取るに足りない卑小な存在としてこの世に出現し、凡夫と同じ立場に身を置きながら人々に働きかけ、教え導く者である。このような「隠身」という考え方は、大乗仏教の仏身論に根ざすものである。第一部で説明したように、大乗仏教では、法身、報身、応化身の三身説が立てられるが、「隠身の聖」と関わるのは応化身である。つまり、飢えて道に横たわる瀕死の男は、実は「隠身の聖」であり、真理たる法身が、その時の衆生の機根に応じて、一人の男の姿をとって発現していると言える。そして、聖《ひじり》たる聖徳太子もまた、真理たる法身の発現した応化身であるとするならば、ここで、聖徳太子は自分自身に出会っているのである。こう考えるならば、聖徳太子が飢者に対して示した慈悲は、自らと根底を同じくするものへの関わりであると言えよう。聖徳太子と飢者との出会いは、世俗的な身分秩序で言えば、最上位の者と最下位の者との出会いである。この両者が聖という点においては等しいということは、世間的な秩序が相対化されるということでもある。世間的階層秩序が無化される次元が、両者の出会いにおいて開かれている。まさに、仏教の出世間性を端的に表わす説話であると言えるだろう。

そして、聖徳太子が飢者に対して詠んだ歌は、同じく「応化身」としてこの世に姿を現わした仏として、自らと飢者とを確認する歌にもなっている。この片岡山説話の歌は、もともとの歌謡としては、本来、行き倒れた死者を哀傷し鎮魂する歌であったものと考えられるが、『日本書紀』の本説話において、この歌謡は、単なる哀傷歌、鎮魂歌ではなくなり、聖が聖に出会ったことを確認するための歌という役割を担わせられている。本来の歌では不幸なありようとして語られていたはずの親や主君から離れて一人あることは、出世間の存在としての聖にとっては存在の必然的様態である。『日本書紀』の歌の「あはれ」は、決して憐憫ではなくて、応化身としてこの世に現われ、人々を導き、そしてその役割を終えて死んでいこうとする聖への深い共感であろう。飢者の遺体が葬られたはずの墓から消えてしまったということも、飢者が普通の人間ではなくて、「隠身の聖」であり、衆生教化のためにこの世に姿を現わした応化身の仏であることを強く表現している。死によって飢者は、この世の肉体から離れて、自らの本性である法身へと還帰した。仏の法身とは、色形を超えたものであり、さらに言えば、「無自性—空—縁起」である。最後に飢者は自らの本性を示したのである。

聖徳太子の死をめぐって

さて、この片岡山説話の記事のあと、『日本書紀』の聖徳太子関連の記事は、わずかに二八年条に、蘇我馬子と『天皇記』『国記』『本記』を編纂したとあるのみで、二九年二月五日条に聖徳太子薨去《こうきょ》の記事が載る。その遺骸は、磯《し》長廟《ながびょう》（大阪府南河内郡）に葬られたと伝えられるが、片岡山説話の舞台は、聖徳太子の宮である斑鳩宮とその廟である磯長を結ぶ道の途中にある。このような地理的関係と、聖徳太子の死に近い記事として片岡山説話が載せられていることを考慮にいれるならば、片岡山説話は、聖徳太子の死を前提として読まれるべきものとして、『日本書紀』の編纂者が配置したものと言えよう。結論を先取りして言うならば、来るべき聖徳太子の死も、単なる人間の死ではなくて、聖の死であり、それ故に、この世における応化身としての役割を終えて、色形をこえた法身へと還帰することとしての死に他ならないと、『日本書紀』は主張しているのである。そのことは、以下のような、聖徳太子の仏教の師であった高麗の慧慈が聖徳太子の死を悼み、翌年自らそのあとを追って亡くなったという、推古紀二九年二月条の記事からも顕著に窺うことができる。

要　約

この月（二月）に、上宮太子（聖徳太子）を磯長陵に葬った。その時、すでに帰国していた高麗の僧の慧慈は太子の死の知らせを聞いて、非常に悲しんで、こう言った。「太子は聖人で、はかりしれない聖《ひじり》の徳《いきおい》をもって日本国にお生まれになったのだが、お亡くなりになった。私とは国を異にするが心は強く結びついている。自分一人で生きていても仕方がないから、来年の太子の命日の二月五日に私も死のう。そして太子と浄土で会ったら、またこの世に戻ってきて共に衆生を教化しよう。」と言った。そして、慧慈は、約束した通りの日に亡くなった。それで、人々は、みな口々に言った。「ただ上宮太子だけが聖でいらっしゃるだけではなくて、慧慈も聖であったのだなあ。」と。

この説話は、聖徳太子のみならず、慧慈も応化身であることを語る。そして彼らの本身は浄土にいるが、死後に浄土往生したとしてもそこに安住することはない。慧慈の「浄土で聖徳太子とあったら、もう一度、戻ってきて、一緒に衆生を救済したい。」という言葉からも分かるように、自ら志して、輪廻転生の世界、すなわち苦と迷いに満ちた現世に舞い戻って衆生済度を行うのである。それは、衆生が自らの行為の善悪に基づく因果応報によって六道を輪廻するのとは違い、輪廻転生を解脱した仏菩薩があえて輪廻の世界に身を投じるという因果を超えた転生なのである。そして、慧慈が自由に自分の死ぬ日を選び、聖徳太子の一年後の命日に死んだように、聖徳太子もまた自由に生死輪廻に出入りし、生死を使いこなすのである。

このように考えると、片岡山説話において語られた聖の死は、まさに遠くない将来に迎えるはずの聖徳太子の死を先取りしたものだと言えよう。「聖」の死が単なる肉体の消滅ではなくて、新たな衆生教化の始まりであることを、これらの説話は語っている。後世、聖徳太子が天台智顗の師、中国天台宗第二祖の慧思の生まれ変わりとする説が流布されたり、救世観音の生まれ変わりと考えられたりしたことも、『日本書紀』における、応化身となってこの世に現われた聖《ひじり》としての聖徳太子像の延長上のことである。死を超えて永遠に利他行をなし続ける存在としての聖徳太子像を確立したことが、『日本書紀』の聖徳太子関連記事の達成であった。古来の祭祀も様々な為政も、まさに利他行として新たに意義付けられたのである。そして、このような聖徳太子の像が提示されることによって、日本を統治する存在としての天皇と仏教と衆生済度が固く結び付いた。最澄、空海、親鸞、一遍、日蓮、叡尊など多くの日本の仏教者が、太子を「和国の教主」と尊崇するのは、まさに、太子が衆生済度のために現われた仏として日本における仏教を確立したからなのである。

（4）『日本霊異記』

奈良時代末期から平安時代初期にかけて成立した『日本霊異記』は、正式名称を『日本国現報善悪霊異記』といい、奈良薬師寺の僧景戒によって編集された日本初の仏教説話集である。善因善（楽）果、悪因悪（苦）果の因果応報譚を中心に、全一一六話を、雄略天皇の時代から桓武天皇に至るまで年代順に並べており、古代日本の精神文化を生き生きと伝える貴重な資料となっており、『三宝絵《さんぼうえ》』や『今昔物語集』など、それ以後の説話集にも大きな影響を与えた。著者景戒は、法相の教えに通じた奈良薬師寺の僧であり、自身、低位ながら伝灯住位という僧位を持つ官僧であったが、『日本霊異記』説話に多くの私度僧（国家の公認を得ずに出家した僧）たちが登場し活躍することからも分かるように、民間布教に携わる私度僧たちとの関わりが深く、『日本霊異記』を著したのも、配下の私度僧たちが、「罪福因果」を説いて布教する際の種本という側面もあったと考えられる。

仏教説話とは何か

仏教説話の特徴を考えるために、同じく超越的なものを語るという意味では共通性を持つ神話と対比してみよう。神話は、基本的には、共同体のアイデンティティを支えるものである。つまり、神話は、起源を語り、超越的なものとの関係において、現在ある世界や秩序を説明し、正当化する。また、神話は、祭式儀礼と深く結び付いている。祭式を通じて神話が現実化され、始原が再現されるのである。以上から、神話は、その最も純粋な形においては、当該の共同体の成員にのみ共有され、共同体外の人間には閉ざされたものであるはずである。神話が物語として流布し享受されるのは、その次の段階である。

他方、説話が語られるのは不特定多数の聞き手に対してである。説話は基本的に共同体を越えて語られるが、この共同体を越えるということを支えているのは、仏教が万人に開かれた教えであるという意味での仏教の持つ開放性である。仏教を基盤として初めて説話の語られる場が確保されたとも言い得るのである。

また、神話の場合、その純粋型においては、語り手と聞き手とは同じ共同体に属しているが、仏教説話の場合には、話し手は基本的に仏教の布教者であり、共同体にとっては、外部からやってきた人である。布教者は、説話を通じて仏教の教えを人々に語り、仏教へと導こうとする。その説話は、ある異常な出来事、すなわち、世俗の日常を超えているという意味で超越的なものの具体的顕現を語る。特に、『日本霊異記』の場合、各話で、その出来事が起こった年月と場所、そしてその出来事の関係者の固有名が示される。そのことを通じて、聞き手に、その出来事が自分たちの生きる時間、空間の延長上で起こったことを知らせ、また、同様の出来事が聞き手にも起こり得ることを示唆し、併せて、その異常な出来事の背後にある仏教的な理に気付かせる。聞き手は、その仏教説話を聞くことを通じて、これまで自分が無自覚に過ごしてきた世俗の日常生活の背後にある理に気付き、仏教へと導かれるのである。

この「理」は、民衆に語られる仏教説話の場合、基本的には「因果応報の理」である。これは、善因善（楽）果、悪因悪（苦）果の因果応報を語るものであるが、さらに注目されるのは、これが「霊異」すなわち、不可思議な出来事とされていることである。因果とは、たとえば水の中に染料を入れれば（因）、色水ができる（果）というようなものではない。『日本霊異記』における「因果」とは、決して誰が見ても理の当然というような原因と結果というようなものではなくて、本文中で何度も強調されているように「くすしく」「あやしい」ものである。たとえば、中巻第三六縁では、ある時、寺の金堂の観音の首が何の理由もなく落ちてしまったが翌日元の通りになって光を放ったという興味深いエピソードが語られている。この話はいわゆる因果応報譚仕立てにはなってはいないものの、まさに、霊異としての因果の理のエッセンスのような話である。つまり、この不思議な出来事によって人々は、日常生活の背後にあり、常に働き続けているはずの力の発動に気付かされるのである。この短い話を締めくくる景戒のコメントは、「仏の法身は常にあるが、それを信じない衆生がいるのでこのような出来事を起こすのだ。」というものであった。つまり、因果応報譚から最終的に読み取るべきなのは、真理としての法身の働きなのである。因果の理を語ることで、自分の身近な生活の場を超えて広がる、仏の働きの浸透した世界へと人々の目を向けさせるのである。仏教説話は、人々に仏教を説くことを通じて、眼前の具体的共同体を越えて広がる普遍的理に貫通された世界像という、古代日本にあっては画期的であった世界像を提示し得たのである。仏教の持つ、普遍宗教としての力が、ここには如実に見て取れるのである。

善悪の因果

さて、『日本霊異記』は、その正式名称『日本国現報善悪霊異記』からも分かるように、善因善（楽）果、悪因悪（苦）果の因果応報の理を語る。善因とされるのは、経典の受持や仏菩薩への信仰、僧侶への供養、戒律の遵守などでありそれによって現世での幸福が得られる。悪因とされるのは、盗みや殺生などの破戒、僧侶や動物への虐待などで、それによって悪死や没落、悪趣への生まれ変わりなどの悪果が生じる。これらの因果応報の実例をもって善を勧め、悪を戒め、因果応報の理の霊異性を説くのであるが、ここでは、このような霊異としての因果応報説の持つ射程を確認しておきたい。

仏教以前の土着的信仰においては、「霊異」は不可知の神の出現（＝たたり　原義は神が立ち現われるということ）として捉えられた。その不可知の神の正体を見極め、それを慰撫するべく祭祀を行う者は、共同体の宗教的、政治的指導者であった。それに対して、因果に関しては、本来、自業自得、すなわち自分のなした因の報いを自分が引き受けるのである。つまり、ここでは、「霊異」を受け止める主体が、共同体ではなく個人となっているのである。因果の理という考え方は、人間を、善悪を担う主体にした。個としての人間がここでクローズアップされてくる。『日本霊異記』の諸話を分析していくと、個人的な願望充足をはかるものとして仏教が捉えられており、それが『日本霊異記』の仏教理解の大きな特色となっている。個的な願望と関わるという点において、仏教は、日本思想史上で画期的な意味を持っている。仏教以前においては、個的願望は常に共同体的願望と重なり、一体のものであった。個の幸福は、共同体の繁栄を前提としていた。しかし、仏教は、その出世間性、現世超越性故に、共同体から切り離された個を析出し、その個の願望に応え得るものとして自らを提示したということができよう。

このこととも関わるのであるが、『日本霊異記』では、霊異としての因果の発動に触れ得るのは、日常的世界を何らかの事情で離脱してしまった人である場合が多い。それらの人を救い取る装置として仏教が機能している。たとえば、中巻第四二縁の九人の子を持つ女性は食物が底を尽き餓死の危機にあり、下巻第七縁の大真山継《おおまやまつぎ》は刑死寸前であった。これらの人々は、三宝帰依によって（因）、窮状を克服する（果）。日常的世界とは、共同体的世界であり、そこでは、安定的な秩序が保たれ、時間は春、夏、秋、冬と循環し、人々の生活の持続と安定的な再生産が期待される。このような世界を、『日本霊異記』の主人公たちは、離脱してしまっている。それは、事件、事故、病気、貧困といったやむを得ない事情による場合もあるし、自らの願望の過剰さ故に日常世界を離脱せざるを得ない場合もある。たとえば上巻第三一縁の東人の場合を見てみよう。

要約

御手代東人《みてしろのあづまびと》は、聖武天皇の時代に吉野山に入り修行をして果福を求めていた。三年ほど経た或る時、観音の名を称えて「銅銭万貫と白米万石と美女をたくさん与えて下さい。」と願った。当時、従三位粟田朝臣《あわたのあそみ》の未婚の娘が病で苦しんでおり、それを癒してくれる修験者を探していた。東人が招かれ呪文を称えると娘の病は治り、娘は東人に愛欲の心を起こし二人は結婚した。東人は大きな財産ばかりでなく官位も手に入れ、娘が死ぬとその姪と結婚した。このような福徳を現世で得たのも修行の験力、観音の威徳のおかげである。

日常世界にいたのでは満たされない願望を抱いていた東人は、それ故に、日常世界からはみ出してしまい、吉野の山中で修行していた。吉野の地は、その当時から山岳修行をする宗教者たちの集まる聖地だったのである。東人の願望は、「銅銭万貫と白米万石と好《うるわ》しき女《おみな》とを多《さわ》に徳施《とくせ》したまへ」というものである。これは、一見、あまりにも世俗的な願望にも思えるかもしれないが、その願望の量の過剰さによって、極度に抽象的な願望であるとも言える。東人の願望は、本来は、日常的世界において対応物を持たない絶対的なものであるが、それをあえて日常的世界の事物によって表わすなら、「銅銭万貫と白米万石と好しき女とを多に」ということになるのだ。この説話においては、東人の願望は、粟田朝臣の婿になって財産と官位を得ることによって成就されたという話の作りになっており、それをもたらしたものとして、観音の「徳」が称揚されている。日常的世界を離脱した場で、絶対的願望の成就を目指して衆生の積み上げる徳と、仏なり経典なりの及ぼす力としての徳とが感応し、善果がもたらされるのである。

このように、『日本霊異記』で語られる善果は、主に現世利益である。善果を得た人々は、基本的にはもう一度日常的世界に戻っていくという話の運びになっている。もちろん、たとえば、下巻第二五縁で釈迦如来の名を称えて海難から救われた紀臣馬養《きのおみうまかい》のように、そのことをきっかけとして「心を発《おこ》し世を厭《いと》い、山に入り法を修し」（発心して世を捨て、山に入って仏道修行をし）たという後日譚を持つ話もあるが、これは例外に属する。多くの話では、もう一度日常世界に復帰したという語られ方になっている。仏教説話が基本的には日常世界に住まう民衆を相手に語られたということを考えれば、そうなるのは当然のことであろう。日常世界を生きる民衆にとって、仏法世界は、あくまでも日常世界の補完物であった。それは、非日常的な「ハレ」の世界が、「ケ」である日常世界を活性化するのと同様の構造のもとで捉えられていると言ってもいいだろう。

しかし、仏教本来から見るならば、日常世界と仏法世界とはとりあえずは相反するものであり、仏教的世界に入るには日常世界からの離脱が必要条件となる。では、日常世界に回収されないかたちでの善果は、一体人々をどこに導くのだろうか。つまり、現世における対応物では満足できなかった東人の行方はどこなのか。次節以下で考えてみたい。

(5) 最　澄

奈良時代に盛んであった法相宗や三論宗など南都六宗が、中国から伝わってきた仏教の教理を受容し理解することを主としていたのに対して、平安時代になると、最澄や空海らによって日本古来の山岳信仰を取り込みつつ独自の発展を遂げた仏教が生まれた。彼らはともに唐に留学し、それぞれ天台宗と真言密教を日本に伝え広めた。両者とも若年より山林で修行し、後年比叡山と高野山という、都を遠く離れた地を本拠地とする教団を築き上げた。しかし、山岳を根拠地としたからといって、彼らが、世俗世界を全否定したわけではなかった。朝廷から積極的な保護を受けた彼らは、ともに、鎮護国家を仏教の大きな役割として認めており、仏教によって世俗世界を補強すべきことを主張した。彼らは、それぞれ、天台止観や三密修行によって、人間の意識の日常的限界を突破して、真理を直接的に体験することを目指したのであるが、そのことは、高踏的になって人間の現実を捨てることを意味せず、むしろ、そこで得た智慧を生かしてこの世に交わり、この世の苦しみを救うことを目指すことでもあったのである。

生　涯

最澄は、七六七年（一説には七六六年）近江国滋賀郡古市郷（滋賀県大津市）に渡来系氏族の子として生まれる。一二歳の時に近江国分寺に入り出家し、一四歳で得度し正式な僧侶となった。一九歳の時、東大寺戒壇で具足戒（正式な僧侶となるための二五〇戒）を受けるが、その後すぐに、比叡山に登り、十数年にわたり山林修行を続けた。坐禅の合間に草した以下のような「願文」には、当時の最澄の思いが吐露されている。

原文

悠々たる三界は純《もは》ら苦にして安きことなく、擾々たる四生はただ患にして楽しからず。牟尼の日久しく隠れて、慈尊の月未だ照さず。三災の危《あや》うきに近づきて、五濁《ごじょく》の深きに沈む。しかのみならず、風命保ち難く、露体消え易し。（中略）生ける時善を作さずんば、死する日獄の薪と（成らん）。得難くして移り易きはそれ人身なり。発し難くして忘れ易きはこれ善心なり。（中略）明らかなるかな善悪の因果。誰《いずく》の有慚《うざん》の人か、この典《のり》を信ぜざらんや。（中略）ここにおいて愚が中の極愚、狂《おう》が中の極狂、塵禿の有情、低下の最澄、上は諸仏に違し、中は皇法に背き、下は孝礼を闕けり。謹んで迷狂の心に随いて三二の願を発す。無所得を以て方便となし、無上第一義のために金剛不壊不退の心願を発す。

我未だ六根相似の位を得ざるより以還《このかた》、出仮せじ。（その一）未だ理を照す心を得ざるより以還、才芸あらじ。（その二）未だ浄戒を具足することを得ざるより以還、檀主の法会に預らじ。（その三）未だ般若の心を得ざるより以還、世間人事の縁務に著せじ。相似の位を除く。（その四）三際の中間《ちゅうげん》にて所修の功徳、独り己が身に受けず、普く有識《うしき》に廻施《えせ》して、悉く皆な無上菩提を得しめん。（その五）

伏して願はくは、解脱の味ひ独り飲まず、安楽の果独り証せず、法界の衆生、同じく妙覚に登り、法界の衆生、同じく如味を服せん。もしこの願力に依つて六根相似の位に至り、もし五神通を得ん時は、必ず自度を取らず、正位を証せず、一切に著せざらん。願はくは、必ず今生の無作無縁の四弘誓願《しぐせいがん》に引導せられて、周《あまね》く法界に旋らし、遍《あまね》く六道に入り、仏国土を浄め、衆生を成就し、未来際を尽くすまで恒に仏事を作さんことを。

現代語訳

広大な三界（迷いの世界を欲界・色界・無色界に分けたもの）はただ苦しみであり安らぎはなく、入り乱れる四生（全生物を胎生・卵生・湿生・化生に分けたもの）はただ苦しみであり楽しみはない。太陽のように輝く釈迦牟尼仏はすでに亡くなって久しく、（次に現われるはずの）月のように照らす弥勒仏はまだ現われない（仏のいない世界にわれわれはいるのだ）。世は末世で三災（戦禍・疫病・飢饉又は火災・水災・風災）の恐怖が近づき、五濁（劫濁・見濁・煩悩濁・衆生濁・命濁）の穢れに沈んでいる。さらに、命ははかなく保ち難く、体は露のように消え易い。（中略）命のある時に善を行わないなら、死後、地獄に生まれて薪のように焼かれるだろう。現世に人間の身に生まれるのも、また次の世に再び人間として生まれるのも難しい。（仏道に帰依し行う）善の心を発すことは難しいが、その心はたやすく忘れられてしまう。（中略）善因善果、悪因悪果の因果応報の理は明らかなものだ。自分を省みて慙愧の念を起こす人は皆、因果応報を説く経典を信じるだろう。（中略）私、最澄は、愚者中の愚者、狂人中の狂人、煩悩にまみれた愚かな僧、最低の者であり、上は諸仏に反し、中は王法に背き、下は儒教の徳目である孝礼を欠く。そうではあるが、この迷狂の心を持っていくつかの願を発す。無所得を方便とし、最高に優れた仏法のために金剛のように堅固な心願を発するのである。

第一番目の願、私は「六根相似の位」（『法華経』法師功徳品で説く六根清浄となる境位。菩薩五二位のうちの十信位に相当）を得られないうちは、出仮（世俗世界に出て来て人々を教化する）しない。第二番目の願、理を明らかにする心を得られないうちは、才芸を行わない。第三番目の願、浄戒を具足できないうちは、施主の施しによる法会に参加しない。第四番目の願、悟りの智慧を得ないうちは、俗世間の雑事に関わらない。ただし「相似の位」に達したらその限りではない。第五番目の願、現世で修した功徳を一人自分だけの身に受けるのではなくて、一切衆生に功徳を差し向けて、皆が最高の悟りを得られるように。

願わくは、自分一人だけで解脱を味わったり、悟りの安らぎを得たりするのではなくて、全世界のすべての者が皆同じく「妙覚」に至り、同じく真理を味わえるように。もしこの願の力によって「六根相似の位」に至り、五つの神通力を得る時には、絶対に自分一人だけで悟るのでも、正位を証するのでもなく、一切に対する執着を断つ。願わくは、必ず今生の作為を超えた無差別平等の四弘誓願《しぐせいがん》（衆生無辺誓願度・煩悩無量誓願断・法門無尽誓願学・仏道無上誓願成）に導かれて、引導せられて、広く法界を経めぐり、広く六道に入り、仏国土を浄め、衆生の悟りを成就させ、未来永劫まで常に仏の行いをなせるように。

この「願文」から、当時の最澄が、自らの悪を自覚し善の功徳を積むために願を立て修行したことが見て取れる。そして、これらの願からは、自ら山林に籠もって悟りを開くとともに、他者をも悟らせようという大乗の自利利他の願いが分かるのである。

山林修行に励む最澄の評判は宮中にも達し、七九七年、三一歳の時には、内供奉十禅師に任命された。道鏡事件まで起こした南都仏教のあり方に批判的であった桓武天皇は、南都の諸大寺の平安京への移転を許さなかったが、仏教と全く疎遠になる意図はなく、清新な仏教を求め、最澄に期待をかけた。八〇二年、三六歳の時、最澄は天台教学興隆のため、自ら還学生《げんがくしょう》（短期留学生）として入唐することを桓武天皇に願い出て勅許を得た。八〇四年秋には入唐し、天台山で天台教学を学び、さらに、大乗菩薩戒を受け、禅や密教も学んだ（四種相承）。滞在わずか九ヶ月程で帰途につくが、帰国してみると最澄の最大の理解者であった桓武天皇は病床にあり、最澄は宮中で天皇の病気平癒の祈禱を行った。また、最澄は勅によって高雄山で灌頂を行った（日本初の密教灌頂）。これらのことが物語っているように、平安時代の仏教は、奈良時代から引き続いて、その儀礼的呪術力によって、現世安穏を達成することを期待されていた。特に、最澄や空海によって本格的に導入された密教の加持祈禱は、壮大な思想体系に裏付けられた儀礼の新奇さや荘厳さによって、天皇や皇族、貴族の心を補えたのである。

帰国翌年の八〇六年、四〇歳の時、最澄は、自らの奉じる天台宗が新たな宗派として公認されることを求めて運動し、天台業二人（止観業［天台］一人、遮那業［密教］一人）の年分《ねんぶん》度者《どしゃ》の割り当てを得た。これをもって日本天台宗の開宗とする。しかし、その直後、最大の後ろ盾であった桓武天皇が崩御し、これまで順調だった最澄の将来に暗雲が立ち込めた。公認された年分度者も思うように天台宗には定着せず、南都に具足戒を受けに行ったまま法相宗などに転向してしまった。この苦い体験は、最澄に、南都戒壇からの独立の必要性を痛感させ、後の大乗戒壇設立運動の一つの契機となったと考えられる。

さて、短期留学であったため中国で密教を十分には学べなかった最澄は、今後の天台宗の発展には密教が不可欠であることを痛感し、自分と同時期に唐に留学していた空海から熱心に密教を学び、弟子の泰範らとともに結縁灌頂を受けるに至った。最澄は、最高の灌頂である伝法灌頂をも受けることを求めたが、空海は、実践が伴っておらず動機が不明であると許さなかった。空海が密教を最高のものとして顕教に優越させる立場であったのに対して、最澄の方は、あくまで顕教である天台教学を中心としつつそこに密教を取り込もうという立場を堅持し、密教の位置付けの点で両者は相容れなかったのである。密教理解をめぐって大きく食い違う両者の交流は、長くは続かず、最澄が密教を学ばせるために空海の下に派遣した弟子泰範が最澄に離反して空海の弟子になってしまった事件などもあって、最終的には絶交するに至った。

この後の最澄の人生は、論争に次ぐ論争となる。まず、法相宗の学僧である会津の徳一《とくいつ》との間に、三一権実《さんいちごんじつ》論争と呼ばれる論争が始まった。最澄は『照権実鏡』『法華去惑』『守護国界章』『決権実論』『法華秀句』などを著して徳一を批判し、結局は決着が付かなかった。八一八年には、大乗戒壇設立を目指し自ら具足戒の破棄を宣言した。インド仏教以来、出家者が必ず受けることになっている具足戒を破棄するという異例の主張に対して、南都仏教側は厳しく批判した。それに対して最澄は、『顕戒論』を執筆して反論した。八二二年、論争の渦中の最澄は比叡山の中道院で入寂した。没後七日になって、生涯の悲願であった大乗戒壇の設立が勅許された。

思想的最盛期を他宗との論争の中に過ごした最澄の著した書物は、基本的には論争の書ばかりであり、空海の『十住心論』、道元の『正法眼蔵』、親鸞の『教行信証』などのような深い思索を体系化した著作はない。それは空海が真言宗の体系を完成させ、空海以後は、わずかに念仏との習合が付け加わったに過ぎないのとは対照的である。ただし、その体系的完成度の高さ故に、空海以後、大きな教学的展開がなかった真言宗とは逆に、最澄が総合仏教を目指しつつも教学の体系化ができなかった天台宗では、その後、源信、法然、親鸞、道元、日蓮など様々な祖師が比叡山で学び、その学問的伝統を母胎として自らの独自の仏教を切り拓いていったのである。

思　想

一乗思想と大乗戒

最澄の思想は、『法華経』に依拠した一乗思想を中心に構築されている。特に注目されるのは、徳一との三一権実論争である。「三」とは三乗、「一」とは一乗を、「権」とは仮、「実」とは真実を表す。まず、三乗とは、声聞乗、縁覚乗、菩薩乗である。このうち声聞乗とは釈迦の説法を聞いて悟る弟子であり、縁覚乗とは単独で修行して悟る弟子であり、両者ともに大乗の立場からは、利他を欠いた小乗であるとされる。それに対して菩薩乗とは大乗の利他精神に基づく修行者である。『法華経』によると、仏の教えは三乗に分かれているが、これはあくまでも多様な機根の人々をそれぞれに導くための方便であって、それなりの存在意義はあるものの、最終的には、一乗の教えに帰す。この『法華経』の教えを唯一絶対の真実として、一切のものが一乗真実に帰し、成仏可能であると捉えるのが天台宗の立場である。それに対して法相宗は、五性（姓）各別を説き、声聞乗性、縁覚乗性、菩薩乗性、不定性（まだどの性になるのか決まっていない者）、無性（救いに全く与かることのできない悪人）はそれぞれ別のものであって、『法華経』の一乗説はせいぜい不定性のものを導く方便（権）であるに過ぎないし、また、声聞乗と縁覚乗、無性とは不成仏であると主張する。『法華経』の一乗思想を宣揚してすべての人が成仏し得ると主張する最澄にとっては、生まれ付き成仏不可能な者がいると説く徳一の説は到底容認できるものではなく、死の前年の著作である『法華秀句』では、徳一の説を引用して、一々批判を加えて、法華一乗思想を宣揚した。このような一乗と三乗をめぐる天台宗と法相宗の争いは、すでに中国においても盛んに行われており、最澄と徳一はそれを日本において再現したことになる。

三一権実論争と並んで、最澄の思想として注目されるのが、その単受大乗戒の主張である。『山家学生式《さんげがくしょうしき》』において最澄は、天台宗の年分度者は比叡山で大乗戒を受けて菩薩僧となり、一二年間山中で修行することを義務づけた。八条式に次のように言う。

原文

凡そ、此の宗、得業の者、得度の年、即ち大戒を受けしむ。大戒を受け竟《おわ》らば、一二年、山門を出でず、勤めて修学せしめん。（中略）草庵を房と為し、竹葉を座と為し、生を軽んじ、法を重んじ、法をして久住せしめ、国家を守護せん。

現代語訳

およそ、この天台宗で修学する者は、得度の年に大乗戒を受けさせる。そのあと、一二年間山門を出ず比叡山に籠もらせて、修行、学問をさせる。（中略）草庵を住居とし、竹の葉を敷物として、身に対する執着を捨て、仏法を尊重し、真理を絶やすことなく、国家を守護しよう。

当時、大乗仏教においても、出家にあたっては小乗仏教以来の具足戒（男性僧侶二五〇戒、女性僧侶三四八戒）を三師七証の下で誓って出家することになっていた。それは、インドから東南アジア、東アジアへと仏教が広まったどの地域でも共通であった。大乗仏教が成立すると、大乗の精神に基づいた大乗戒も考案されたが、それとても大小兼受であった。具足戒が僧侶の修行生活を細かに規定する具体的規範であったのに対して、大乗戒は抽象的な精神を説いたもので、大乗戒だけでは僧侶の禁欲的修行生活を規制できなかったのである。そのような中で、最澄は単受大乗戒、すなわち、具足戒を受けずに大乗戒だけを受ければよいとした。このような主張は、極めて異例のものである。しかし、日本では、この後、単受大乗戒が天台宗のみならず広まっていった。その意味で、最澄は日本仏教の方向性を決めたと言える。最澄においては、単受大乗戒は一二年間の清貧に徹した修行とセットになっており、当初それが守られているうちは問題はなかったが、後には、大きな弊害を生むことになった。

(6) 空海

生涯

真言宗の開祖である空海は、七七四年、讃岐国多度郡（香川県善通寺市）に生まれた。豪族佐伯氏の出身である。一五歳の時、上京して官僚を目指して大学明経科に入るが、途中で仏教に心を惹かれ中退し、虚空蔵《こくうぞう》求聞持法《ぐもんじほう》などを学んだ。伊予、土佐など各地で修行するとともに南都仏教も学んだ。七九七年には、自らの思想遍歴をもとに仏教・儒教・道教のどれが優れているのかを対話形式で語る『三教指帰《さんごうしいき》』を著した。

『三教指帰』では、亀毛《きもう》先生（儒教の立場）が、兎角《とかく》公の求めによって、欲望のままに快楽に耽る甥、蛭牙《しつが》公子に「学問道徳を身につけ国家の官僚になり、忠孝の徳を尽しつつ子孫繁栄を目指すべきだ。」と説くが、それをそばで聞いていた虚亡《きょむ》隠士《いんし》（道教の立場）が、さらに「世俗を断ち切り無為の境地に身を置いて神仙術を修するなら、不老長生を得られる。」と説き、亀毛先生までがその見解に感心する。すると最後に仮名乞児《かめいこつじ》（仏教の立場、空海の自画像でもある）が現われる。乞食坊主のみすぼらしい風体ながら、彼は、「儒教と道教に分かれて相争っているようだが、実は孔子も老子も仏陀が東方に派遣した菩薩であり、人々の能力に合わせて卑近な説き方をしているだけであるから、教えの違いに固執するべきではない。」と堂々と論陣を張る。虚亡隠士が「あなたはどこのどなたですか。」と聞くと「三界に定まった住処はなく、ある時は天に、ある時は地獄に住んで輪廻転生している。」とした上で、「無常の賦」を詠んでこの世のはかなさを示す。それを聞いて、一同は悲しみのあまり気を失ってしまう。仮名乞児にまじないをした水を吹きかけられて正気に戻った亀毛先生らは、仏教の深遠な教えを説いて欲しいと頼む。仮名乞児は、求めに応じて「生死海の賦」を詠む。この賦の中で空海は、仏教の基本教理に織り込みながら、仏教的理想世界を描き出している。たとえば次のような一節がある。

原文

然して後に、万類、万品、雲に乗じて雲のごとくに行き、千種、千彙、風に騎って風のごとくに投《いた》ることを待つ。天自《よ》り地自り、雨の如く、泉の如し。浄従り、染従り、雲の若く、煙の若し。地に下り、天に上り、天に上り、地に下る。八部、四衆区《まちまち》にして各交り連なれり。讃唱関々たり。鼓騁淵々たり。

現代語訳

こうして、あらゆるたぐいの生きとし生けるものが、みな雲に乗って雲のように駆けていき、風に乗って風のように至るところから集まってくるのを待ちうける。天から降る雨のように、地から湧く泉のように集まってくる。清らかな処からも、穢れた処からも、雲のように、煙のように湧いてくる。地に下り、天に上り、天に上り、地に下る。天、竜、夜叉などの八部衆の神々や、比丘、比丘尼、優婆塞、優婆夷などの四衆が、それぞれ一応の区別を持ちながらそれぞれに交わり連なり、仏を讃美する歌声はのびやかに響き、鼓や鐘の音が轟きわたる。

以上の引用からも分かるように、空海は仏教を学び始めた青年時代から、仏教的な理想世界のヴィジョンを確固たるものとして持っていた。その世界では、本来、色形を超えた真理が、種々の仏菩薩として現われ教えを説いており、その教えに触発された者が、悟りを開いてその真理を体得すると、世界はその本来の姿を現わす。それは、すべてのものが相互に依存しあいながら、緊密に結び付き合う調和的世界である。万物の仏を讃える声が響きわたる荘厳な光景は、まさに、後年に空海が全面的に展開することになる曼荼羅世界の先取りと言ってもいいだろう。空海は、このような世界を、各地における山岳修行の中で自らありありと直観、感得したに違いない。これから後の空海の活動の軸となったのは、この直観し、感得した世界をどのように意味付け、表現を与えて、人々に伝えていくのかということであった。

さて、八〇四年、空海は東大寺で具足戒を受け、密教を本場で究めるべく、二〇年滞在予定の留学生として遣唐使に加わった。ちなみにその時の遣唐使には最澄も参加していたが、立場も異なり、また乗った船も異なっているので留学中には両者の面識はなかったとされている。最澄は官僧であり、通訳も連れ、桓武天皇の外護を受けた恵まれた立場での短期留学であったのに対して、空海は入唐直前に具足戒を受けたとは言え、長い期間を私度僧として過ごしてきた無名の僧に過ぎなかった。彼らはともに山林修行を長年行ったが、最澄が比叡山に籠もり続けたのに対して、空海は各地を遊行し民衆とも直接交流を行っていたと考えられる。（後年、民衆の間に空海に対する弘法大師信仰が盛んになり、空海の事跡をめぐる四国八八ヶ所巡礼が盛んになったり、各地に弘法大師にまつわる伝説が残されたりしているが、これも空海と民衆との深い結びつきに端を発していると言えよう。）

さて、留学中の空海の活躍は、眼を見張るものであった。まず、恵まれた語学の才能を生かしてサンスクリット語を習得し、当代随一の真言密教の学僧であった青竜寺《しょうりゅうじ》の恵果阿闍梨《けいかあじゃり》からは、その才能を認められ伝法灌頂《かんじょう》を受け、密教の奥義を授かった。空海は、密教関連の多くの経論に加え、密教の儀礼に必要な法具や各種曼荼羅なども入手し、二〇年の留学予定を大幅に短縮し、八〇六年に帰国した。帰国にあたっては、長安の僧や文人らと離別の詩を交換しており、空海の幅広い交友と文学的才能が窺われる。帰国後は、嵯峨天皇の厚い信任を受けて、八一六年四三歳の時に高野山金剛峯寺に真言密教の根拠地を築き修行の根本道場とするとともに、八二三年五〇歳の時には東寺（教王護国寺）を勅賜され、鎮護国家の根本道場とした。八二七年には大僧都にまで昇り、宮中に開創した真言院では、後七日御修法《ごしちにちのみずほう（みしほ・みしゅほう）》（毎年正月八日～一四日に玉体安穏・国家隆昌・五穀豊穣・万民豊楽を祈願する儀礼、現在は東寺灌頂院で行われる）を行い、真言密教を鎮護国家仏教として確立した。また東大寺別当を兼ね、日本初の庶民の教育機関である綜芸種智院《しゅげいしゅちいん》の創設や讃岐の満濃池の修築などの社会事業を行い、『性霊集《しょうりょうしゅう》』『文鏡秘府論』などの漢詩集、漢詩文評論書を著し、書では嵯峨天皇、橘逸勢《たちばなのはやなり》とともに三筆として知られるなど、多方面に才能を発揮し、八三五年高野山奥の院にて入定した。没年には、年分度者三名も獲得して、真言宗の地位を盤石のものにした。著作としては『弁顕密二教論』『即身成仏義』『声字実相義《しょうじじっそうぎ》』『吽字義《うんじぎ》』『十住心論』『秘蔵宝鑰《ひぞうほうやく》』などを著し、教理面でも日本における真言密教の確立につとめた。そのうち『即身成仏義』『声字実相義』『吽字義』は、空海の著作のうちでも特に三部書と言われて重要なものとされている。

思　想

即身成仏

空海の目指したのは、即身成仏と民衆の福利であった。これは、まさに、大乗仏教の実践の柱となる自利行と利他行とにあたる。即身成仏とは、顕教（密教以外の教え）の三劫成仏に対して、この身のままで即座に究極の悟りを得ることであり、三密修行といって身口意における修行が重視された。三密とは、本来、仏の身口意の働きを指すが（無相の三密）、修行者がそれを自らの身口意において顕現することができるとされる（有相の三密）。そのためには、修行者は手に印契を結び、口に真言（マントラ）を唱え、心に本尊を念ずる必要がある。それらの三密修行を通じて、仏と衆生は感応道交し、一体のものとなり、現世において父母所生のこの身のままで成仏できるとされた。そして、即身成仏を遂げた者は、仏として衆生教化、救済を行うことになる。密教は、呪術的な儀礼によって知られているが、このような儀礼が最終的に目指すものは、生きとし生けるものすべての幸福なのである。次に、空海の即身成仏思想について、その著『即身成仏義』の有名な一節を取り上げて、さらに詳しく見ておこう。

原文

六大無礙にして常に瑜伽《ゆが》なり。四種曼荼各離れず。三密加持すれば速疾に顕わる。重重帝網《たいもう》なるを即身と名づく。法然に薩般若《さはんにゃ》を具足して　心王心数《しんのうしんじゅ》、刹塵《せつじん》に過ぎたり。各五智無際智を具す。円鏡力の故に実覚智なり。

現代語訳

六大（地水火風空識で万物の構成要素）は、本来、妨げなく自由自在に働き合って、常に究極の悟りを表わし、真理世界を顕現している。四種類の曼陀羅（本尊の尊容を描く大曼荼羅、諸尊の誓願を象徴する法具を描く三昧耶曼荼羅、諸仏を象徴する梵字を描く法曼荼羅、諸仏の動作を描く羯磨曼荼羅で、金剛界曼荼羅の一会から四会にあたる）、つまり真理世界の様々な観点からの象徴表現は、それぞれが密接に（真理世界と）結びついている。身に印契を結び、口に真言を唱え、意（心）に本尊を観想して真理世界の教主たる大日仏に働きかけるならば、感応によって、速やかに、（真理世界が）現われる。帝釈天の宮殿に張りめぐらされた網に付いている無数の珠が互いに互いを際限なく映し合っているように、（三密修行において、）自己と世界の諸事物が相互相依しつつ関係しあっていることを「まさにこの身」（即身）と名付けるのである。ありのままの姿において、（衆生は）一切智を具備しており、心にはその働きを起こす当体である主体的側面と働きをなす作用的側面とがあって、無数の衆生が無数の心を具えている。そして、それぞれの心の当体と作用とが、五種の智慧（真理を本質とする法界体性智、あらゆるものを映し出す大円鏡智、あらゆるものを平等に知る平等性智、あらゆるものを観察する妙観察智、あらゆる行為を成し遂げる成所作智）と限りなく広大な仏の智慧とを具備している。智慧によってすべてを映し出して完成させるから、真実を悟る智慧なのである。

ここで、空海は、前半の四句を「即身」の偈（詩）と名づけ、後半の四句を「成仏」の偈と名付ける。そして前半の各句を、体、相、用、無礙と言い、後半の各句を、法仏（真理としての仏）の成仏、無数、輪円（曼荼羅）、所由（原因）と名付けている。まず、前半から見ていくと、「即身」の偈では、即身成仏する真言の行者の身とはどのようなものなのかということが説明される。そのことを説明するのに、空海は、まず、衆生を成立せしめる、六大という構成要素（地・水・火・風・空・識）によって、真理世界も成り立ち、永遠に何の妨げもなく、互いに結び付き融合していると指摘する。つまり、真理世界とは、衆生にとって遠く遥かな、今、ここを断絶した世界ではなくて、自ら身心を転換すればすぐに成就できる世界なのである。そして、そのような真理世界を象徴的に表わしたものが曼荼羅であり、仏の世界を多様な角度から具体化したもの（四種曼荼羅）を介して、行者は、自らの身口意において三密加持を行う。三密加持を行うことは、自らこの身において仏となって、仏の世界の中に位置付くことである。そして、自己がその世界に位置付いた悟りの時、自己と全世界の全存在とは、自他不二となり、無限に自他が関係しあい、働きあっていく（重重帝網）。このように、偈の前半から、「即身」とは、この身がすでに本来的に全世界の全存在と関係し合い働きあっていることを意味することが分かる。そして、その即身を基盤として、行者が三密修行をなして、本来的世界をこの身に覚証するのである。ここには、本来あるところのものを回帰的に成就するという、日本仏教において顕著な基本構造が見て取れる。偈の後半も、衆生の心が、本来、仏の智恵であることを語っており、本来具わっている仏智を顕現することこそが、即身成仏であることを示している。

曼荼羅

さて、真言密教の本仏は大日如来である。この仏は、諸仏諸菩薩をすべて包含する仏であり、世界の中心となっている。そのことを視覚的に表わしたのが、曼荼（陀）羅である。曼荼羅はインドでは、数重の土壇に諸尊を配置した立体的なものであったが、中国や日本では、平面的な図にして、修行や儀式の際に道場に掛けたり敷いたりされた。曼荼羅の中では、すべての仏菩薩が大日如来を中心として結びつき、密接に相互相依しつつ調和的に統合されている。それは、大乗仏教の根幹である空―縁起の世界を色あざやかな象徴的世界として示したものと言える。曼荼羅には仏菩薩以外にも天や悪鬼（荼吉尼《だきに》天）までも描かれ、すべてのものがその本来性において肯定され、場を与えられるという密教の曼荼羅的思惟を端的に示している。

このように、あらゆる存在を否定せず、究極的立場から肯定するという、空海の曼陀羅的思惟をよく示すのが、他教や他宗を位置付ける方法である。空海は、その処女作『三教指帰』においては儒教や道教に対する仏教の優越性を、『弁顕密二教論』においては顕教に対する密教の優越性を、また主著である『十住心論』においては儒教、道教、小乗仏教、諸々の大乗仏教に対する密教の優越性を説いたのであるが、だからといって密教以外の教えを全否定したわけではない。空海は、それぞれの限界を認めつつ、それぞれを密教を頂点とする思想体系の中に位置付けている。『十住心論』の中で空海は、心を次のような一〇の段階からなるものとする。

① 異生羝羊《いしょうていよう》心　善悪の道理に暗く、煩悩のままに生きる段階
② 愚童持斎心　本来持つ仏性が少し顕在化され倫理道徳に目覚める段階で、倫理の立場
③ 嬰童無畏《ようどうむい》心　人間界の苦をのがれ天上界に憧れ安心立命を求める段階で、仏教以外の諸宗教の立場
④ 唯蘊《ゆいうん》無我心　無我を説くがその構成要素たる蘊の実在を説く段階で、声聞乗（小乗）の立場
⑤ 抜業因種《ばつごういんじゅ》心　一二縁起観により、自己の業や煩悩を滅する段階で、縁覚乗（小乗）の立場
⑥ 他縁大乗心　これ以降は大乗仏教で他者救済を重んじる。ただし本段階では五性各別（悟りの可能性を持つ者と持たない者が生まれつきある）であり、法相宗（権大乗―大乗に準じる）の立場

⑦　覚心不生心　すべてを空じるが否定面に終始する段階で、三論宗（権大乗）の立場
⑧　一道無為心　一切諸法は事理相即すると主張する段階で、天台宗の立場
⑨　極無自性心　万法の事事無碍円融を説く、顕教では最高の段階で、華厳宗の立場
⑩　秘密荘厳《しょうごん》心　自己の心を知り尽くし、身に仏の印契を結び、口に本尊の真言を唱え、心に仏を観想することによって、仏と自己とが一体となる段階で、真言密教の立場

以上のような空海の段階付けに対して、後代の弟子たちは空海の真意を現わさんとして種々の解釈を行ったが、中でも代表的な解釈によれば、この諸段階の関係はまず、「九顕一密」と考えられる。つまり①から⑨は顕教であり、それらすべての上に密教の⑩があるとする立場である。その上でより高次の解釈として「九顕十密」が主張される。つまり、⑩のみが密教なのではなくて、より深い立場から見れば、①から⑨のすべてにもすでに密教の真理世界がそなわっており、そのままで密教の悟りを表わしているという。このような考え方からすれば、世俗世界の中にすらすでに真理世界が現われているということになる。このような捉え方は、現実の絶対肯定へと繋がっていった。

(7)　源　信

生　涯

源信（九四二〜一〇一七）は、主著『往生要集』三巻によって日本浄土教の理論的基礎を築き、日本浄土教の始祖とも言われている。『往生要集』は、浄土思想に関する要文を各宗の経論から集めたもので、特に地獄の苦しみと

浄土の荘厳とを描いて「厭離穢土《おんりえど》、欣求浄土《ごんぐじょうど》」を訴え、浄土往生のためには念仏を行ずべきことを体系的に説いた。『往生要集』は日本のみならず中国でも高く評価され、作者である源信は、中国において「日本の小釈迦、源信如来」とまで言われた。このように浄土思想家として大きな影響を与えた源信であるが、生涯を天台宗の僧侶として過ごし、その念仏思想は、あくまでも天台宗の思想的基礎の上に展開されている。

源信は、大和国（奈良県）当麻《たいま》に、卜部《うらべ》氏一族として生まれた。七歳の時に父と死別し、九歳の時に比叡山中興の祖とされる良源（元三《がんざん》大師）に師事して顕密二教を修め、一四歳で得度する。学問を究め、世の尊敬を受けるが、名利を嫌って、比叡山寺域の最北に位置する横川《よかわ》に隠棲し、著述と修行に専念する生活を送った。源信は、比叡山で行われていた不断念仏や、師良源の観想念仏の教えを通じて念仏信仰には早くから関心を持っており、九八四年、四三歳の時に、『往生要集』を起草し（翌年脱稿）、九八八年には横川首楞厳院《しゅりょうごんいん》二十五三昧式を作り、念仏結社の構成員のための規約を定めた。二十五三昧会とは、源信や慶滋保胤《よししげのやすたね》が参加していた、浄土での再会を期して結成した念仏結社で、毎月一五日には集まって、法華経講義を聴聞し、そのあと、終夜、不断念仏を行い光明真言を唱え死後往生を願った。構成員に重病の者がでると往生院に移し手厚く看病して、最期には臨終の正念を助け、共同の廟に埋葬し念仏を行うなど、念仏による、看病・葬送・追善行事を行った。また、源信は、迎講《むかえ(ごう)こう》（迎接会《ごうしょうえ》、練供養《ねりくよう》とも）を始めたことでも知られている。迎講とは、阿弥陀仏による来迎をヴィジュアル化したもので、二五菩薩の扮装をした僧が阿弥陀三尊を安置した輿を囲んで講堂から本堂へ練り歩き、本堂で念仏して「十方衆生」と書かれた位牌を蓮台に載せてまた講堂へと戻ってくるという儀礼である。この来迎を模した儀礼に結縁しようと多くの民衆が集まったと言われている。

一〇〇四年に、源信は権少僧都《ごんしょうそうず》に就任するが翌年には辞退した。一〇〇六年には、最澄・徳一論争以来の天台宗対南都仏教の三一権実論争に、「一切衆生有仏性成仏」の一乗思想の立場から終止符を打たんとした『一乗要決』三巻を、一〇一四年には『阿弥陀経略記』一巻などを執筆する。生涯の著作は、一説に七〇余部一五〇巻とも言われ（ただし擬撰や真偽未決も多い）、因明から法華教学、念仏信仰など様々な分野の著作を精力的に著した。また、一〇一三年正月に作った願文によれば、生涯に念仏を二〇億回、大呪一〇〇万回（千手呪七〇万、尊勝呪三〇万、不動や阿弥陀仏等への呪少々）、大乗経典読誦五万五五〇〇巻（法華経八〇〇〇、阿弥陀経一万、般若経三〇〇〇余巻等）を行ったという。一〇一七年、七六歳で、入滅する。臨終に際しては、阿弥陀仏の手にかけた糸を自分の手に握り、阿弥陀仏の来迎を信じて念仏しつつ静かに息を引き取ったと伝えられる。

思　想

地獄と極楽

源信が著した『往生要集』は、その地獄や極楽の描写によって人々に大きな衝撃を与え、信仰分野のみならず、文学、思想、美術、建築等に広範な影響を与えた。その描写の一端を以下に示してみよう。まず、『往生要集』冒頭の大文第一「遠離穢土」章における地獄の描写である。

原　文

悪鳥あり、身の大きさ象の如し。名づけて閻婆と曰ふ。嘴利くして炎を出す。罪人を執りて遥かに空中に上り、東西に遊行し、しかる後これを放つに、石の地に堕つるが如く、砕けて百分となる。砕け已ればまた合し、合し已ればまた執る。また利き刃、道に満ちて、その足脚を割く。或は炎の歯ある狗あり、来りてその身を齧む。長久の時に於て大いなる苦悩を受く。昔、人の用ふる〔河〕を決断して、人をして渇死せしめたる者、ここに堕つ。

現代語訳

その地獄には悪鳥がおり、象のように大きく、閻婆という名である。嘴は鋭く炎を吐き出す。罪人を捉えて空高く昇っていき、東西に飛行し、そして、その罪人を空中に放す。すると、罪人の体は、石が地に落ちて行くように真っ逆さまに落下し、粉々に砕ける。砕けてしまうとまた元に戻り、その元に戻った罪人に閻婆はまた襲いかかるのである。また、鋭い刃が並んだ道があって、罪人の足を切り裂く。さらに、炎の歯を持った犬がいて、罪人の所に来て体に噛み付く。長大な時間大きな苦しみを受けるのである。このような地獄には、皆が使う生活用水である河川を決壊させて、他の人を渇死させた者が堕ちるのである。

以上は、地獄の中でも最も恐ろしい責め苦に苛まれる阿鼻地獄の中にある、雨山聚処という場所の描写である。この描写は、『往生要集』における地獄の描写のごく一部であり、これ以外にも様々な地獄について、諸経典に基づいて微に入り細にわたって説明が行われている。このような迫真の描写は当時の人々に大きな衝撃を与え、死後の運命に対する恐怖を呼び起こしたものと思われる。この地獄と対照的なのが、すべてのものが美しく清らかな浄土のあり様である。大文第二「欣求浄土」章から、その一端が窺える描写を挙げてみよう。

原文

もろもろの宝の羅網は虚空に弥く満ち、もろもろの宝鈴を懸けて妙法の音を宣ぶ。天花は妙色にして繽粉として乱れ墜ち、宝衣・厳具は旋転して来り下り、鳥の飛んで空より下るが如くもろもろの仏に供散したてまつる。また無量の楽器ありて懸かに虚空に処まり、鼓たざるに自ら鳴りて、皆妙法を説く。また如意の妙香・塗香・抹香・無量の香、芬馥として遍く、世界に満つ。もし聞《か》ぐことある者は、塵労垢習、自然に起らず。およそ地より空に至るまで、宮殿・花樹、一切の万物は、皆無量の雑宝の百千種の香を以て、共に合成す。その香、普く十方の世界に薫じ、菩薩にして聞ぐ者は皆仏の行を修す。またかの国の菩薩・羅漢・もろもろの衆生等、もし食せんと欲する時は、七宝の机、自然に現前し、七宝の鉢には妙味中に満つ。世間の味に類せず、また天上の味にもあらず、香美なること比なく、甜酢《でんそ》、意に随ふ。

現代語訳

様々な宝玉を散りばめた羅網は、虚空をあまねく覆い、そこにかかる宝玉で作った鈴は仏の教えを説く声を響かせる。美しい色の天の花が、空を乱れ飛び舞い落ちる。宝玉をちりばめた衣服や装身具は旋回しながら、あたかも鳥が空から降下する時のように下りてきて、諸々の仏に供えられる。また、たくさんの楽器が遥か虚空のかなたに懸かっていて、演奏しないのに独りでに音を奏で、皆、妙なる仏教の教えを説く。また意のままになる妙香・塗香（体に塗る香）・抹香（砕いた香）など計り知れないたくさんの香が、芳しく広く世界に満ち溢れる。その香をかげば、煩悩も自ら起こらなくなる。地から空に至るまで、宮殿・花樹など、一切の物は、皆、無数の宝玉に備わる百千種の香からでき上がっている。その香は、広く十方の世界に薫り、その香を菩薩がかぐならば、成仏して仏行を行うことができるようになるのである。またかの浄土の菩薩や羅漢、もろもろの衆生などが、もし食べたいと欲する時には、七宝の机が、自然に目の前に現れて、七宝の鉢の中に素晴らしい味の食物が満ち溢れる。それは世の中の味とは比較にならず、天人の国の味でもなく、美味しいことは類なく、甘いのも酸っぱいのも心のままである。

このように、浄土は、色、音、香、味等の感覚的な喜びに満たされた美しく快い場所であったが、その美と安楽は、単に善人が死後に、善行の報いを享受するためにあるわけではなかった。引用文において、「虚空にかかった楽器がひとりでに仏の教えを説く」「良い香りをかいで菩薩が仏行を行うようになる」と言われていることからも分かるように、その美と安楽は、浄土に住まう者たちの修行を促進して、成仏を実現させるためのものなのである。浄土とは、教行証（仏教の教え・修行・悟り）のうちの行も証も不可能な末法の世では実現され得ない、その修行と悟りを行う場なのである。浄土で阿弥陀仏に見え、親しくその導きを受けて修行して成仏するというのが、死後に浄土に往って生まれた往生者の願いだったのである。また、浄土とは、食べたいと思うと心のままに美味なる食物が現われる場所であるという叙述も注目される。食べ物に限らず、浄土とは自分が欲することがそのままに叶う場所とされている。欲しいと思えばそのものが自然と現われるのであれば、物質的には完全に満ちたりてしまい、何も欲しいものはなくなるだろう。そうなった場合、浄土に往生した者にとってなすべきことは、真理を体得し仏になるということだけなのである。

往生の業としての念仏

さて、このような浄土往生の手段は、念仏である。源信が地獄の苦しみと浄土の安楽とを示したのは、まさに念仏による浄土往生を勧めるためであった。大文第五助念の方法に「往生の業には念仏を本となす。」（往生のための行為は念仏を根本とする）とあるように、念仏により往生は可能となる。行者が往生を願い、念仏という善を行った「因」と、阿弥陀仏が衆生を救済しようと願い、諸菩薩がそれを助けようとする「縁」とがあいまって往生できるのである。ただし、源信が最も重要なものと想定していた念仏は、観想念仏（観念）である。それは、精神集中した三昧の境地の中で、仏の姿を細部にわたるまでありありと思い浮かべる行である。インドで起こり中国に伝えられて興隆した念仏信仰の主流は、観想念仏であり、阿弥陀仏の名を称える口称念仏は、劣悪の者のための行とされていた。源信においても、その基本的枠組みは受け継がれている。『往生要集』大文第四「正修念仏」では、世親『浄土論』による五念門（礼拝・讃歎・作願・観察・廻向）に基づいて叙述がなされるが、このうちでも特に、「観察」が中心的テーマとされている。観察とは阿弥陀仏に思いを凝らしその姿形を思い浮かべることであり、観想念仏である。観察としては、別相観、総相観、雑略観が挙げられ、それぞれ仏の三二相、総身、白毫（仏の眉間にあって光明を発する白い旋毛）を観想する。中でも白毫の観想は凡夫にも容易なものとされ、次のように説かれている。

原文

もし極略を楽はば、応に念ずべし。かの仏の眉間の白毫相は、旋り転ずること、猶し頗梨珠の如し。光明は遍く照して我等を摂めたまふ。願はくは、衆生と共にかの国に生れんと。

現代語訳

もし、最も簡略な観想を願うならば、次のように念じるがよい。阿弥陀仏の眉間の白毫の姿は、白い毛が渦巻いて水晶の玉のようであり、そこから発した光明があまねく照りわたって私たちを包む。どうか、衆生とともにかの浄土に往生できるように、と。

白毫観をはじめとする観想念仏を行うにあたっては、日々の修行の他に別時念仏といって特別な場合に行われる念仏も重視された。『往生要集』大文第六「別時念仏」章によれば、それには、「尋常の別行」と「臨終の行儀」がある。「尋常の別行」としては、一日乃至は七日、一〇日乃至は九〇日、期間を区切って道場において観想念仏をし続ける。また、阿弥陀仏の名を称えたり、浄土経典を読誦したりもする。そして、浄土信仰者にとって最も重要なのが「臨終の行儀」である。死が近づいてきた病者の部屋には、香が焚かれ、花片が散らされて、阿弥陀仏の立像が安置される。阿弥陀仏の手には五色の糸が繋がれ、その糸を病者が握らされる。病者は、阿弥陀仏に迎えられて往生する浄土に思いをかけ、口に念仏を称え、心で観想念仏を行う。看病する家族や信仰の仲間は、病者が「臨終の正念」を保ち、死後すぐに来迎にあずかり、浄土に往生できるように見守り助けるのである。このように、『往生要集』においては、インド・中国以来重んじられてきた観想念仏が主流であるが、観想念仏という困難な修行が不可能な劣機に対しては、源信も口称念仏を積極的に勧めた。たとえば、先の引用の直後で源信は次のように言っている。

原文

もし相好を観念するに堪《た》へざるものあらば、或は帰命《きみょう》の想に依り、或は引摂《いんじょう》の想に依り、或は往生の想に依りて、応《まさ》に一心に称念すべし。行住坐臥、語黙作々、常にこの念を以て胸の中に在《お》くこと、飢ゑて食を念《おも》ふが如く、渇して水を追ふが如くせよ。或は頭を低《た》れ手を挙げ、或は声を挙げ名を称へ、外儀は異なるといへども、心の念は常に存せよ。念々に相続して、寤寐《ごみ》に忘るることなかれ。

現代語訳

また、もし、仏の相好（容貌の特徴）を、一つ一つ観想することができない者がいたら、たとえば仏に帰依する帰命の想によって、また、たとえば仏に導びかれると考える引摂の想によって、また、たとえば往生したいと熱望する往生の想によって、一心に念仏を称えるがよい。行住坐臥、語るも黙するも、何をしていても、常にこの念を心に抱いて、飢えた時に食を思い、渇いた時に水を求めるように、念仏せよ。たとえば、頭を低くし手を挙げ、また、たとえば、声を挙げ仏の名を称えるなど、外に現れたかたちは様々であろうとも、仏を念じる心を常に持ちなさい。一つの念から次の念へと繋でいって、寝ても覚めても忘れてはならない。

源信は、口称念仏を、観想念仏のできない人間でも救済される重要な行と捉えていた。それ故、専修念仏を説いた法然もその弟子である親鸞も、源信を先覚者として仰いでおり、法然は『往生要集』の注釈書を著し、親鸞は七高僧の一人に源信を挙げているのである。しかし、先述のように、源信における口称念仏はあくまでも補助的な手段に留まっていた。そして、注目されるのは、天台僧源信において、最も高度な念仏とされていたのが「理」の観想であったということである。

「空」としての仏と浄土

さて、源信は、大文第一〇「問答料簡」章において、念仏を有相業と無相業に分けている。有相業としての念仏とは、観想念仏であれ口称念仏であれ具体的な浄土を想定してそこに往生しようと行う念仏である。それに対して無相業としての念仏とは、以下のように、それらの本質は空であると観じるものである。

原　文

謂く、仏を称念し浄土を欣求すといへども、しかも身土は即ち畢竟空にして、幻の如く夢の如く、体に即して空なり、空なりといへども、しかも有なり、有にあらず空にあらずと観じて、この無二に通達し、真に第一義に入るなり。これを無相業と名づく。これ最上の三昧なり。

現代語訳

つまり、口称念仏して浄土を求めるとは言え、仏の身も仏の国土も究極的には空であり、夢幻のように実体を持たない。本質という観点からは空ではあるが、それが方便として現われているという点では有とも言える。つまり、本質としては、あくまでも空であって有ではないのだ。さらには、方便であって本質ではないという点からすると、空とも言えない。このように観じて、空なるものが有として現われ、有と空とが一体であることをよく理解し、真に根源的な真理に至る。これが無相業であり、最高の悟りの境地である。

ここで言われているように、「理」としては、有と空とは一体のものである。夢の中の事物がありありとしたリアリティを持ちながらも、その本質は空無であるのと同様に、浄土信仰者が観想するところの仏も浄土も、その本質は空無であり、さらに言えば、「諸行無常、諸法無我」という仏教の基本的立場からすれば、この世にある、ありとあらゆるものが、すべて「空無」である。とするならば、浄土や阿弥陀仏があるということも、この世に様々な事物があるということも、結局は、「有であり空である」ということになる。両者ともに、或る視点からすればリアリティを持っているという点で「有」でありつつも、それが本質としての実体性を持たないという点で「空」なのである。この「空」を知ることこそが、「最上の三昧」である。

『往生要集』大文第六「別時念仏」に引用される天台智顗の『摩訶止観』でも言われているように、観想し念じる仏も浄土も、心が作りだしたものであり、実体がないものである。この心は、自己の心であるとともに、「一心即一切法」である、空―縁起なる全体世界としての心でもある。全体世界の一発現としての自己が、その世界の真理性の象徴的表現である仏や浄土を具体的なる姿形として表出するのである。源信にとっての浄土とは、具体的姿形を取りつつ最終的には、全体世界としての空―縁起なる働きへと融合していくものであった。源信自身は、二十五三昧会の中心メンバーであり、臨終行儀などを具体的に制定し、仲間たちと実行していたのであるが、彼にとって色形としての浄土は、最終的には空―縁起なるものとして捉えられていたのであり、「空」への没入としての浄土往生は、最上の三昧に他ならなかったのである。

このような捉え方からするならば、往生は臨終だけに限らなくなる。空を体得する最高の三昧において、すでに救済が実現されているということになる。これは、『法華経』の諸法実相思想に他ならない。源信は、口称念仏を宣揚したことにおいて、法然、親鸞の先駆になると同時に、天台宗の教理に立脚して浄土思想を確立した天台僧でもあったのだ。

（8）葬祭と仏教

葬祭儀礼は日本仏教の展開の中で、大きなテーマである。伝来の当初から、日本仏教では、盂蘭盆会《うらぼんえ》などを催して祖先の霊を慰め、葬祭を行い、人の死を意味付けてきた。（ただし、より原型を残した南都仏教の諸派は、基本的に葬祭には関わらない。）日本仏教を揶揄して「葬式仏教」と呼ぶことがあるが、これは、一般に多くの僧侶が仏教本来の修行や利他行をおろそかにしている印象を与えがちな現状への批判を含む言葉であろう。確かに、仏教の発祥の地であるインドにまで遡ってみると、僧侶が葬儀に携わっていたという形跡は見あたらず、釈迦の入滅に際しても、その火葬などについては在俗信者が行い、僧侶は関わっていなかったことは明らかである。

ネアンデルタール人の墓から種々の花の花粉が発見され、人類は太古の時代から死者を供養していたことが分かっているが、死というものをどのように意味付けるかという問題は、古来、宗教の大きなテーマである。そのテーマを引き受けるということは、仏教にとっても重要なことであると言えるし、その意味で、仏教が葬祭という形で死という問題を引き受けたのも当然と言えば当然であろう。

現在、「成仏する」と言うと一般には死ぬことを意味し、「ホトケ」と言うと死者を意味する。元来、仏教では、仏とは真理に目覚めた覚者であったが、日本では、死者をホトケと呼んでいるのである。このような用法の背後には、日本人の伝統的な霊魂観がある。前述のように、日本人は、死者を祀らなければ祟りをなす恐ろしい者と考えていた。特に、死んでまもない死霊は、「あらみたま」（新霊＝荒霊）であり、荒ぶり易いものとされていた。しかし、子孫たちがその霊魂を定期的に供養することによって、その魂は次第に鎮静化され、三〇年なり、五〇年なりたつと、霊魂として個体性を失って「祖霊」となる。つまり、ある名前を持った誰かの霊魂ではなくて、祖霊一般になり、子孫を見守り守護する霊へと変化すると考えられていたのである。このような日本人の伝統的霊魂観からすると、死者をホトケとするのは、本来なら死から間もない荒ぶり易い霊魂を、「真理を自覚した者」と呼ぶことによって鎮静化をはかり、死者がこの世に対する煩悩や執着を断ち切って、安楽の境地に至ることを願っているのである。このような霊魂観は、無我説に立って不滅の霊魂を否定する仏教とは違う考え方に基づくものであるかもしれない。しかし、仏教は、布教に際して、方便を大幅に取り入れることを認めている。死者をホトケとするのは、人間の死を俗世の執着を断ち切って安楽の世界へ至る出発点と捉えていることである。伝統的な霊魂観が、死者の魂の最終的な静まりを、個体性を失った祖霊に見出したように、仏教は、死によって俗世のしがらみを逃れ執着を断つことで、安楽の境地（＝成仏）に至れるとしたのである。そこには、日本人が「死後の安心」を得て、自らの生をより充実したものにしようとした心の歴史が刻み込まれているのであり、一概に「仏教的」ではないと切り捨てることはできないと思われる。

第2章　中世仏教の思想

(1) 概　観

鎌倉時代は日本仏教が最も盛んであった時代で、いわゆる鎌倉新仏教と呼ばれる浄土宗、浄土真宗、時宗、臨済宗、曹洞宗、日蓮宗などが相次いで生まれるとともに、旧仏教側にも華厳宗の明恵《みょうえ》、凝念《ぎょうねん》、律宗の忍性《にんしょう》、俊芿《しゅんじょう》、叡尊《えいそん》などが出て、教理研究や社会救済事業など活発な活動を行った。

浄土宗、浄土真宗、時宗は、末法思想を受け入れ、修行も悟りも不可能な時代にあっては、阿弥陀仏の「念仏するすべての衆生を西方浄土に往生させ、そこで成仏させよう。」という誓願を信じて「南無阿弥陀仏」と念仏するしか救済はないと説き、転換期の不安的な社会の中で貴族から民衆まで広汎な支持を集めた。法然は「専修念仏」を主張し、親鸞はその教えを受けて、阿弥陀仏から頂いた「信心」と他力念仏の一体性を説き、二種廻向《にしゅえこう》（往相廻向・還相廻向《げんそう》）の体系を確立して、念仏信仰を大乗仏教の立場から再確認した。また親鸞の言行を伝える『歎異抄』所載の悪人正機説に見られる悪人往生の思想は、生存のために罪を造らざるを得ない武士や民衆の心を捉えた。

臨済宗と曹洞宗は、宗祖である栄西と道元が、それぞれ中国の宋に留学して本場の禅を学び、帰国後に開いた宗派である。坐禅修行を重視する禅宗は当然末法思想を否定する。栄西が禅の他に密教や天台宗なども兼学した総合的な教えを説いたのに対して、道元はひたすら禅の教えに徹して「只管打坐《しかんたざ》」することを説いた点で対照的であるが、両者の教えは、執着を超えた自由自在の境地における主体性の確立という点で、命をかけて戦う武士の気風にあい、武士の帰依者を増やした。特に臨済宗は、鎌倉幕府と結び付き「鎌倉五山」など多くの禅寺が建立された。曹洞宗は後に密教的儀礼を大幅に取り入れ民衆に浸透した。

日蓮宗は『法華経』こそが世を救う第一の経典であるとして「南無妙法蓮華経」という題目を唱えることを説いた。日蓮は、自らを『法華経』従地涌出品の上行菩薩《じょうぎょう》の生まれ変わりとして、末世の人と社会を救い、この世に仏国土を実現しようとした。激しい他宗攻撃や社会批判のため厳しく迫害されたが、後、分派し発展した。中でも不受不施派は、国家に対して対立的姿勢を取らない日本仏教の中では珍しく権力者との結び付きを否定したため大弾圧を受け禁教とされた。

一般に鎌倉仏教の特徴は、「選択」性、「易行」性、「民衆」性と説明される。複雑な教理を理解できない民衆にもアプローチしやすいように複雑な教えから単純な行を選んで教えを説いたというのである。もちろん、そのように言える面もあるのだが、しかし、その内実は決して単純な教えというわけではない。確かに、念仏のみ、坐禅のみ、題目のみという教えは、単純で民衆が近寄り易いとしても、その教えを説く法然にしろ親鸞、道元、日蓮、一遍にしろ、大乗仏教経典を広く深く学んだ上でそのような主張をしている。彼らの念仏なり坐禅なり唱題なりの主張の背後には、大乗仏教の真髄を体得した上で築いた思想が存在しており、われわれが思想研究の立場からアプローチする場合には、その背景まで含めて彼らの思想を総体として捉える必要があるのである。たとえば親鸞が、真の意味での「信」は「難中の難」であると言ったように、単純な教えだから手軽に実践でき、簡単に救われるということはなく、簡単であるからこそ、むしろ主体の側の理解と覚悟が厳しく問われてくるのである。

室町時代になると、京都五山を中心に、水墨画・書芸・漢詩文学・書院造建築・茶の湯・生け花・枯山水・能楽などの禅宗（臨済宗）文化が栄える。夢窓疎石《むそうそせき》、虎関師錬《こかんしれん》、義堂周信、一休宗純などがこの時代の代表的禅僧である。五山の禅僧の中には室町幕府の外交顧問として活躍した者もいた。この時代、日蓮宗が京都の町衆に浸透するとともに、蓮如の布教により築き上げられた浄土真宗の門徒集団が戦国大名にも匹敵する実力を持つなど、民衆と仏教との繋がりはますます深くなっていった。安土桃山時代になると、有力な戦国大名は、要塞化した大寺院の武装解除を進めて寺院統制を強める一方、寺院に寄進などを行い現世利益・来世成仏を祈った。寺院統制は、この後、江戸幕府にも引き継がれていく。

（2）法　然

生　涯

浄土宗の開祖でありいわゆる鎌倉新仏教の先駆者である法然（一一三三～一二一二）は、美作《みまさか》国久米南条稲岡荘（岡山県久米郡久米南町）で生まれた。父、漆間時国《うるまときくに》は、荘園をめぐる内紛から夜討にあい亡くなる。「今度のことは前世の因縁とあきらめ、菩提を弔うために出家してほしい。」という父の遺言に従って、九歳で僧となることを決意したと伝えられる。

一五歳（一説に一三歳）の時、比叡山延暦寺に入り、学問に励むが、一八歳の時遁世し、西塔黒谷別所に寄寓し、法然房源空と称した。黒谷で師叡空より浄土信仰を学ぶとともに、叡空の伝持した天台の円頓菩薩戒を相承した。

自分自身、清僧として、生涯、厳しく戒律を持するとともに、戒師として多くの人に戒を授け、その戒脈は黒谷の円頓菩薩戒として知られた。法然は、専修念仏と授戒とを矛盾するものとしては捉えていなかったのである。その後、南都などで各宗派を広く学びつつ浄土教学の研鑽に励んだ。特に、南都（奈良）では、南都浄土教とでもいうべき、三論宗で行われていた称名念仏を重視する浄土教を学んだとされる。また、この時期、一切経を五回通読したと伝えられる。これらの体験を通じて、末世の凡夫の救いを説く時機相応の仏教としての念仏の教えに、一層、傾斜していった。

四三歳の時、唐の善導著『観無量寿経疏』「散善義」の念仏を勧める一節に触れて、専修念仏に目覚めた。この後、生涯にわたり「偏依善導」（ひとえに善導による）を貫く。この時より、比叡山から東山大谷に移り住み、人々に念仏の教えを説き始めた。現在の浄土宗では、この年をもって立教開宗を遂げたとする。庶民や武士だけではなくて貴顕の信者も多く、関白太政大臣九条兼実はその有力な外護者となり、兼実夫妻やその娘の宜秋門院は法然を戒師とした。また後白河法皇、後鳥羽院、高倉院なども法然から戒を受けた。一一九三年には熊谷直実（蓮生房）を教化するなど、その信者層は広がっていった。また、この頃、初期浄土宗諸派の始祖となった証空（西山義）、源智（紫野門徒）、弁長（鎮西義）、幸西（一念義）、親鸞（大谷門徒）、長西（諸行本願義）らが入門した。

一一九八年、念仏により三昧境に入り、極楽の様相を観得し、三昧発得《さんまいほっとく》の己証を得た。法然は、善導が三昧発得者であったことを重視しており、自らもその体験を期待していたが、その年に発得し、その後一二〇六年までに何回か発得を体験した。これにより、称名の真正なることを確信したという。専修念仏が、三昧と両立するものとして、法然において捉えられていたことは、注目される。同じく一一九八年、主著『選択本願念仏集』を著した。経論の要文を引用して私釈を加え、低下の凡夫の救済のために阿弥陀仏が選択したのが口称念仏であり、念仏は阿弥陀仏のすべての功徳を収め、しかも誰でも修することのできる易行であると主張した。なお、執筆に先立って夢定中に腰から下が金色に輝く「半金色」の善導と出会い、専修念仏への確信を深めたと言われる。

専修念仏の教えが広まるにつれて、旧仏教側からの批判が強まり、一二〇四年には、延暦寺衆徒が念仏停止を天台座主に訴えた（元久の法難）。それに対して法然は、同年、弟子たちに「七箇条制誡」を示し、弟子たちの行動が誤解を生まないよう制した。しかし、翌年には興福寺衆徒が、「興福寺奏状」を提出し、念仏停止と法然一派の処罰を求める上奏を行った。このような中、後鳥羽院は、官女らの無断出家事件をきっかけとして、一二〇七年、専修念仏禁止を発令し、事件関係者を処罰した。官女らと関わった法然の弟子が死罪となり、法然自身も七五歳の老齢で、俗名藤井元彦と改名させられ、土佐（実際には兼実の働きかけで讃岐に変更）に配流されることになった（承元の法難）。この時、親鸞など有力な弟子たちも各地に遠流された。法然は、このような苦難に直面して、弟子に「われたとひ死刑にをこなは（行）るとも、この事（専修念仏）いはずばあるべからず。」「（流刑によって）辺鄙におもむきて、田夫野人を（念仏に）進めん事年来の本意なり。」と言ったと伝えられている。法然は、流罪になった年のうちに赦免されたが、入洛は許されず摂津の勝尾寺《かちおでら》に留まった。一二一一年、ようやく入洛の勅許がおり、大谷の小庵に住するが、病のために次第に衰弱していった。翌年一月二三日重体におちいった法然は、弟子の要請により、一枚の紙に専修念仏の教えの要義を書き与え（一枚起請文《いちまいきしょうもん》）、その二日後、八〇歳で亡くなった。臨終の際、弟子たちは法然に円頓戒の嫡流を示す慈覚大師（円仁《えんにん》）の袈裟をかけ、法然は「光明遍照　十方世界　念仏衆生　摂取不捨」と観経の文を称えたと伝えられている。

思　想

「選択」と専修念仏

鎌倉新仏教の大きな特徴として、「選択《せんちゃく（じゃく）》」ということが挙げられる。鎌倉新仏教の祖師たちの多くが学んだ比叡山の天台宗が「円（天台）・密（台密）・禅・戒」の四種相承に常行三昧をも加えた総合的な仏教であったのに対して、鎌倉新仏教の祖師は、教にせよ行にせよ、選択を行い、それに基づいて自らの実践と思想とを確立している。その先駆けとなったのが、法然である。法然の選択の内実をよく表わしているのが、法然が主著『選択本願念仏集』の末尾に記した結文である。それは、一書の内容を原文にして八一字に、簡明にまとめているところから「略選択」と言われている。

原　文

それ速やかに生死を離れむと欲《おも》はば、二種の勝法の中に、しばらく聖道門を閣《さしお》いて、浄土門に選入すべし。浄土門に入らむと欲はば、正雑二行の中に、しばらくもろもろの雑行を抛《なげす》てて、選じてまさに正行に帰すべし。正行を修せむと欲はば、正助二業の中に、なほし助業を傍らにして、選じてまさに正定を専らにすべし。正定の業とは即ちこれ仏名を称するなり。み名を称すれば、必ず生ずることを得。仏の本願によるが故なり。

現代語訳

速やかに生死輪廻を離れたいと思うならば、二つの優れた教えのうちで、しばらく聖道門をさしおいて浄土門を選んでそこに入りなさい。浄土門に入りたいと思うならば、正行と雑行の二つの行のうちで、しばらく諸の雑行を捨てて正行に帰依しなさい。正行を修したいと思うならば、正業と助業のうちで、助業をかたわらに置いて正定業に専念しなさい。正定業とは阿弥陀仏の名号を称えることである。御名を称えれば必ず往生できる。念仏する者を往生させようという阿弥陀仏の誓願があるからだ。

ここでは、①仏の教えを浄土門とそれ以外の聖道門とに分け、聖道門を「閣」き、浄土門に入ることを勧め、

②さらに浄土門を正行（読誦・観察・礼拝・称名・讃歎供養）とそれ以外の雑行に分け、雑行を「抛」て正行を修することを勧め、③正行の中でも、助業である読誦・観察・礼拝・讃歎供養を「傍」らに置いて、阿弥陀仏の本願に応じた称名念仏を、正定の業として修するように、述べられている。これらは、三回の選択を重ねることから、「三重の選択」とも呼ばれる。この場合、「選択」の主体は、とりあえずは浄土教信者であるが、究極的には阿弥陀仏である。阿弥陀仏が念仏を選択し、「念仏するすべての衆生を救おう。」という本願を立ててくれたからこそ、末法の世を生きる凡夫が救われるのである。末法の世では、仏の教えだけはかろうじて残るものの、それに則った修行も悟りも不可能な悪世であるが故に自力修行を説く聖道門では救われず、阿弥陀仏が「選択」した本願を信じ、念仏を称えるしかないのだ。

以上のような法然の専修念仏の特徴としては、本願に基づく称名であること、末世の凡夫にも修しやすい易行であることに加えて、念仏は法蔵菩薩（阿弥陀仏）によって「選択」されたが故に他行と比べて優れ、すべての功徳がこもっており、それ故にどのような悪人でも念仏すれば救済されるということがあり、念仏の優越性が強調されている。さらに、法然は、念仏を多く繰り返せと説く。たとえ一回の念仏でも救われるが、一回だけ称えればよいということではなく、それを繰り返し多数称えることに意義があると言う。ちなみに、法然自身は日に六万遍称え、弟子たちにもそのように勧めていたと伝えられる。

(3) 親鸞

生涯

日本の浄土思想の発展に大きな役割を果たした親鸞は、一一七三年に生まれ、当時としては異例の長命を保ち、一二六二年、九〇歳で没した。現在残されている親鸞の直筆の文書の強い筆勢からは、その旺盛な生命力が窺われる。出身は中流貴族の日野氏の傍流とされ、弟四人も、後に皆、天台系の僧となっている。親鸞は、九歳の時に、天台座主慈円の下で出家し、二〇年間を比叡山で過ごし、常行三昧堂で不断念仏を修する堂僧もつとめたが、二九歳の時、法然の吉水教団に参入した。自らの生涯を決定したこの出来事について、親鸞自身は、主著『教行信証』後序において「建仁辛《かのと》の酉《とり》の暦《れき》、雑行《ぞうぎょう》をすてて本願に帰す。」と簡潔に述べている。比叡山の念仏行において行われていた観想念仏（心の中に阿弥陀仏や浄土の素晴らしい有様をありありと思い浮かべる修行）等の自力の念仏を捨てて、阿弥陀仏の本願をひたすら信じて念仏を唱えるのみという法然の宗旨に親鸞は帰依したのである。法然門下に転じた親鸞は、熱心にその教えを学び、大勢の弟子たちの中ですぐに頭角を現わした。入門から四年目の一二〇五年には、法然から『選択本願念仏集』を授かり、法然真影の図画を許された。これは、法然の教えを正しく受け継いだと認められた弟子にのみ許されたことであった。しかし、この頃、法然教団への旧仏教側からの圧迫が強まり、一二〇七年、後鳥羽院は、官女らの無断出家事件をきっかけとして専修念仏禁止を発令し、法然以下高弟たちが各地に配流された。親鸞は、藤井善信《よしざね》と改名させられ越後（新潟県）に送られた。この事件後、親鸞は、自己自身を「非僧非俗」と規定し、生涯、仏道に生きつつ国から公認された正式な僧侶ではないというあり方を貫いた。

越後における親鸞の生活については不明であるが、この頃には恵信尼とすでに結婚していたことが分かっている。（結婚の時期が越後時代かそれ以前か、他にも妻がいたかどうかについては諸説ある。）恵信尼については下級貴族の三善為教《ためのり》の娘という説が有力であるが正確なことはよく分かっていない。どちらにしても、聖《ひじり》などの在俗仏教者が妻帯し子をなすことは当時特に珍しくはない生活様式であった。後ろ盾を持たない流人であり、かつ強制的にではあるが還俗していた親鸞にとって、家庭生活を営むことは自然な選択であろう。一二一一年に親鸞は赦免されるが、京都には帰らず、東国布教を行い、その結果、各地に有力門弟を核とした小集団が形成されていった。特に、真仏・顕智の高田門徒、性信《しょうしん》の横曾根門徒は有名である。

六二、三歳頃に、親鸞は、京都に戻るが、東国の弟子とは頻繁に連絡をとり、指導を行っていた。しかし、一二五〇年頃から、造悪無碍《むげ》、賢善精進、即身成仏などの異端説が起こり、東国教団では対応に苦慮した。特に造悪無碍説は、社会道徳を乱すものとして、為政者側からの念仏弾圧を招く恐れもあった。親鸞は、息子の善鸞を派遣したが、善鸞が親鸞の教えに背く発言を行ったため、さらに混乱は大きくなってしまい、最終的には善鸞を義絶して事態の収拾をはかった。（ただし善鸞事件には不明の点も多くこれが事実かどうかを疑う説もある。）この頃、親鸞は八〇代であったが、多数の著作を執筆している。教団の危機的状況を前にして執筆意欲が高まったものと思われる。一二六二年一一月下旬頃から、親鸞は病の床につき、同月二八日に末娘とされる覚信尼とごくわずかの弟子に見守られて息を引き取った。遺骸は火葬にされて東山の大谷の地に納められた。

著作としては、主著『教行信証』をはじめ『唯信鈔文意《もんい》』『浄土文類聚鈔《じょうどもんるいじゅうしょう》』『愚禿鈔《ぐとくしょう》』『一念多念文意』『三帖和讃』等多数残されている。親鸞の生の言葉を伝えた著として有名な『歎異抄』は、東国在住の弟子唯円による親鸞の言行録である。本書は、対面の場で教示された教えをそのままに書き残しており、密接な師弟関係を基盤にした、あくどいまでに逆説的な表現も多用されている（たとえば、千人殺しをめぐる対話など）。それが文字通り受け取られた時の誤解を警戒してか、後に蓮如が本書の披見を制限したが、明治以降広く読まれるようになり、日本近代における親鸞像形成の拠り所となった。ただし、親鸞の思想の全体像を捉えるためには、『教行信証』の理解が不可欠である。

思　想

他力と「空―縁起」

親鸞の思想体系の中心に位置する概念は、「他力」である。親鸞の全思想は、この「他」なる力の直覚を出発点としていたと言えよう。また、その著作のすべての叙述は、この「他力」を明らかにしようとしたものとも言える。この絶対他力は、阿弥陀仏による本願他力であり、以下のような法蔵神話における阿弥陀仏の誓願によって発動する力として、とりあえずは理解される。

『無量寿経』によれば、はるか遠い過去世において、世自在王如来の下で出家した法蔵菩薩は、衆生の苦しみを見て、すべての衆生を成仏させたいと願った。そのための手立てを五劫の間考えて（五劫思惟）、無始無終の輪廻転生を繰り返す衆生をみな西方浄土に救い取る四八の誓願を立てた。その中心に位置する誓願が、王本願とも呼ばれる第一八願で、その内容は、「浄土往生を願って念仏する衆生が全て往生するまで、自分は成仏しない。」というものである。そして、法蔵神話においては、このような誓願を立てた法蔵菩薩は、今より十劫の昔に成仏して阿弥陀仏となったとされるから、念仏を称える衆生は、法蔵菩薩（因位の阿弥陀仏）の誓願によってすでに救われているということになる。法蔵菩薩がこのような誓願を立てたのは、それ以外の方法によってでは衆生は成仏することが不可能だからである。

この神話が語るのは、輪廻の中で苦しむ衆生にとって、輪廻を解脱した救済者であるという意味で、「他」なる存在である法蔵菩薩（因位の阿弥陀仏）がどのような経緯で救済力を持つに至ったかである。同時に、神話は、なぜ衆生が救済されるために阿弥陀仏に帰依しなければならないのか、なぜ念仏を称えると救われるのかも説明する。法蔵菩薩が念仏する衆生を救済しようという誓願を立てたから、念仏すればその誓願の力によって往生でき救済されるというのである。他の浄土教信仰と同様に、親鸞の他力理解も、以上のような法蔵神話を基盤に成立しているのであるが、しかし、親鸞にとってより本質的な他力の捉え方からすると、先在するのは、阿弥陀仏ではなくて絶対他力であり、それは、「空―縁起」なる場において、その場そのものを実現していく力、つまり「空が空じていく力」である。空とは、すべてを関係的に成立させる力であるから、執着によって「我」を生み出し苦しむ衆生に働きかけて、空なる場に還帰させることこそが、仏の衆生への「慈悲」であり、衆生がその力の中にすでに自分がいたことを自覚できるように、その力は、自らを阿弥陀仏として具現化し、種々の方便を設けて行くのである。このことを親鸞は、『唯信鈔文意』において、次のように述べている。

原文

法身はいろもなし、かたちもましまさず。しかれば、こころもおよばれず、ことばもたへたり。この一如よりかたちをあらわして、方便法身とまふす御すがたをしめして、法蔵比丘となのりたまひて、不可思議の大誓願をおこしてあらわれたまふ御かたちおば、世親菩薩は尽十方無礙光如来となづけたてまつりたまへり。この如来を報身とまふす。（中略）この報身より応化等の無量無数の身をあらはして、微塵世界に無礙の智慧光をはなたしめたまふゆへに、尽十方無礙光仏とまふすひかりにて、かたちもましまさず、いろもましまさず、無明のやみをはらひ悪業にさへられず、このゆへに無礙光とまふすなり。無礙はさわりなしとまふす。しかれば阿弥陀仏は光明なり。光明は智慧のかたちなりとしるべし。

現代語訳

法身は色も形もない。だから心で対象的に把握することもできないし、言葉に表わすこともできない。この真実である全体的場から方便として形を現わして、方便法身という姿を示して、法蔵比丘とお名のりなさって、不可思議の大誓願を起こして姿を現わされた。このお姿を、世親菩薩は『浄土論』の中で、「尽十方無礙光如来」と名付け申し上げているのである。このような仏を報身と申し上げる。（中略）この報身から応化身などの量り知れない程多数の身を現わして、どのような小さな世界に対しても何物にも遮られない智慧の光を放たれなさるので、尽十方無礙光仏と申し上げるのだ。それは光そのもので、形も色もなく、けれどもどのような闇をもはらい、悪業に遮られはしない。それ故に無礙光と申すのだ。無礙は妨げられないということだ。以上から、阿弥陀仏は光明である。光明は智慧が現われたものだと理解せよ。

ここで言う「法身」とは、色形を越えた仏の本質であり、親鸞においては、衆生を救う絶対他力そのものである。阿弥陀仏という人格的存在者がいて、その存在者に衆生を救済する力が宿っているというのではなく、根源的にあるのは、「空―縁起」なる「場」とそこに働く力なのである。「空―縁起」なる力の場それ自体が自己展開して、自らを具体化するその一つの形が「阿弥陀仏」（報身）であり、さらに、その阿弥陀仏から、種々様々な仏（応化身）が展開してくるのである。そして、このような自己展開する力としての他力について、親鸞は、「自然法爾章」では、「おのづから」「しからしむる」力であるとしている。

原文

自然《じねん》といふは、「自」はおのづからといふ、行者のはからひにあらず、「然」といふは、しからしむといふことばなり。しからしむといふは、行者のはからいにあらず、如来のちかひにてあるがゆゑに法爾といふ。（中略）ちかひのやうは、無上仏にならしめんと誓ひたまへるなり。無上仏と申すは、かたちもなくまします。かたちもましませぬゆゑに、自然とは申すなり。かたちましますとしめすときには、無上涅槃とは申さず。かたちもましまさぬやうをしらせんとて、はじめて弥陀仏と申すとぞ、ききならひて候ふ。弥陀仏は自然のやうをしらせん料《ため》なり。

現代語訳

自然《じねん》というのは、「自」は「おのずから」ということである。行者の自力の分別によるのではない。「然」というのは、「そのようにさせる」という言葉である。「そのようにさせる」というのは、他力の信仰者が自分で分別してそうするのではないということである。阿弥陀仏の誓願に促されているのだから「法爾」（真実ありのまま）というのだ。（中略）誓願のあり様について言えば、無上仏（この上なく優れた仏。ここでは、無色無形の真如そのものを言う）に成らせようと阿弥陀仏（法蔵菩薩）が誓願を立てられたのである。「無上仏」というのは、色形を持たず、色形を持たないから自然というのである。色形がある時には無上涅槃（最高の悟り）とは言わない。色形を越えたものを人々に示そうとして、そこで初めて「阿弥陀仏」というものが現われてくるのであると聞いている。阿弥陀仏は、自然というものを示すための手立てなのである。

「自然」とは絶対他力であり、その力の具現化が阿弥陀仏である。そして、親鸞において阿弥陀仏（＝無量光仏、無量寿仏）は、最終的には光そのもの、いのちそのものとして、また無限の慈悲と智慧として捉えられる。何ものにも妨げられずすべてを平等に照らし出す光とは、「空―縁起」なる「他力」を具体化したものである。「空―縁起」なる次元においては、縁起によってすべてのものが結び付き合い作用し合いながら、動的な場が形成されていく。このような動的次元の、結合し合うという特徴を強化する徳性を慈悲と言い、そのような場自体を自覚して、他者へと伝達する徳性を智慧と言う。智慧と慈悲とは「空―縁起」なる動的次元の作用であり、「他力」そのものなのである。「空―縁起」なる動的場の作用、他力としての智慧と慈悲は、光として具体化され顕在的なものとなり、さらにその具体性を強めて、人格的存在者としての法蔵菩薩や阿弥陀仏として形象化されると言うことができるのである。

信心と念仏

さて、この「空―縁起」の体得は、通仏教的に言うと成仏、すなわち悟りである。しかし、浄土教の立場では、末世の凡夫は煩悩故に、現世において自力で悟ることは不可能であり、それ故に、阿弥陀仏に帰依し、浄土往生してのちに開悟成道しなければならない。つまり、現世で衆生のなすべきことは、阿弥陀仏による救済、すなわち「誓願他力」を信じ、その願で誓われた念仏を称えることである。この誓願他力を信じることは、決して、何か非合理的なものを、理性に逆らってあえて信じるということではない。信とは、親鸞にとっては本来性の自覚である。自己が、本来は、この「空―縁起」なる次元に立脚しているからこそ、自らが本来あるべき「空―縁起」なる世界への還帰が可能となる。そして、還帰を願う心、本来性の自覚としての信心は、「空―縁起」なる次元に働く「他力」によって可能となる。それ故に、「阿弥陀仏から賜りたる信心」と言われるのである。

また、その「空―縁起」なる他力は、親鸞においては他力の念仏者を穢土から浄土へと導く往相廻向と、浄土から穢土へと導く還相廻向というかたちで発現する。廻向とは、力の差し向けであり、親鸞においては、力を差し向ける主体は常に阿弥陀仏である。衆生は、その力の発動によって、浄土に往生させられ、さらに、往生したら現世に戻ってきて悩み苦しむ衆生の救済にあたる。この往還はまさに自利行と利他行である。親鸞によれば、信心決定した者は次生の浄土往生が確定している。そのような者は、五六億七〇〇〇万年後に下生し成仏するため現在兜《と》率天《そってん》で待機している弥勒菩薩に等しい存在（弥勒同等）である。煩悩深重の凡夫はこの世においては成仏できないが、次生において浄土に往生し、往生したら即座に成仏できると、親鸞は説いているのである。

さて、このような弥勒同等の考え方は、ある種の即身成仏の状態を想起させるが、しかし、親鸞は、そのような方向では考えない。つまり、弥勒同等であり、「空―縁起」なる場に連なりつつも、やはり、全面的にその場に合一しきることはできないのである。親鸞は、心と身とを分け、信心決定の者は、心は仏と同様に「空―縁起」なる場を自覚しているが、その身は依然として、「不浄造悪」のままであると主張する。このような身の捉え方は、親鸞が自力を全く否定していることと密接に関わっている。つまり、親鸞にとっては、身は、決して、修行を通じて、「空―縁起」なる次元に対して開かれていくものではない。身は、この世の中にあって、俗世の関係を抜き難く背負い、俗世を構成する一つの要素として固定化され実体化されている。仏教における第一の罪悪とは、「空―縁起」から背反して自己を実体化することである。そして、その実体化した自己を維持し強化しようとする志向性は煩悩と呼ばれる。このような実体化された自己、すなわち「我」と、「我」を基盤とする欲望を捨て去り、無我となること、つまり、「空―縁起」なる世界と合一することが、仏教が目指すことであり、通常は、そのために身心をあげて修行をするのである。

しかし、親鸞は、修行も悟りも、さらには仏法さえも衰滅した末法の世を生きる衆生には、そのような修行はもはや不可能であると考える。親鸞における身は修行不可能性を刻印された身であり、その不可能性の自覚は自力の全き断念となり、さらにそれは、断念によって縁取られたというかたちで他力の自覚へと反転する。心は、「空―縁起」なる世界、他力を自覚しつつも、身はその世界や力から徹底的に疎外されているのである。そして、心に他力を自覚するが故に、翻って身の疎外を意識し、身の疎外を意識するが故に、さらに他力を自覚するというように、両者の間を反転しつつ、親鸞は、他力へと限りなく接近しようとする。これは、親鸞が信仰の二側面として『教行信証』信巻で言及する二種深信《じんしん》（阿弥陀仏の救済への信と自己が罪悪深重の凡夫であることの自覚）に対応している。

人は、この世俗に自己完結的な「我」として日常生活を送っている。しかし、ある時、念仏を聞く。法然が親鸞にとって勢至菩薩であったのと同じ意味で、念仏を聞かせてくれる人は仏に他ならない。そして、念仏は浄土の教えのエッセンスであるから、それは浄土の教えと等価である。念仏すなわち浄土の教えを通じて、人は、自己のいる世界の根源に、「空—縁起」なる次元とそこに働く阿弥陀仏の力があることを知る。しかし、人は、自力では絶対にそこにたどり着けないことも同時に知る。この自力の絶対不可能性を知るとは、自力発動の主体、自己がこれまで自己完結的な一つの単位として依拠してきた「我」の無効性を知ることであり、また、そのような「我」によって支えられる世俗世界の無根拠性が露わになることでもある。つまり、それによって、「我」が破られ、また、世俗世界が突破される。「我」や「世俗世界」は、自らの根拠である「空—縁起」なる場やそこに働く他力を隠蔽してきた。遮蔽物が除去されることと、人が他力を、そしてその力が働く「空—縁起」なる場を自覚できることは、同時である。そして、その自覚が、おのずから形をとり、念仏の声となる。この時念仏を称えるのは、人であるのだが、さらに、「空—縁起」なる場とそこに働く他力が称えさせるという意味において、世界全体が念仏を称えていると言ってもいい。自覚と念仏とは、一つに結びついているのである。

　しかし、上述のように人は、自覚において本来性としての「空—縁起」なる場とそこに働く「他力」に連なりつつも、一方で、身であることを免れられない。「こころはすでに如来とひとし」いにもかかわらず、身は依然として、「あさましき不浄造悪の身」に留まるのである。「かなしきかな、愚禿鸞、愛欲の広海に沈没し、名利の大山に迷惑して、定聚の数にいることをよろこばず、真証の証にいることをたのしまず。はずべし、いたむべし。」と『教行信証』信巻で「悲嘆述懐」されるように、実体化されたこの身をさらに強固なものにしようとする名利と、同じく実体化された他者に執着する愛欲は、この身としてこの世にある限り抜き難いものであり、自分の力では如何《いかん》ともし難いと親鸞は言う。このような如何ともし難さ、すなわち、絶対不可能性は、すでに他力による救済を成就しながらも、その救済さえ喜ばないということを、その極限形態とする。たとえば、『歎異抄』所載の、親鸞と弟子唯円との救済をめぐる対話である。その対話において親鸞は、弟子唯円の「念仏を称えても踊躍歓喜の心は一向に湧いてこず、浄土に早く往生したいという心も起こらない。」という訴えに対して、「自分も同じであり、喜ぶべきを喜ばせないのは煩悩の所為であるが、そのような煩悩具足の凡夫を救うというのが阿弥陀仏の他力であるから、喜ばないということによってさらに往生は確実なものとなる。」と答える。つまり、煩悩をいかんともし難いという絶対的不可能性こそが、翻って救済の根拠となるのであり、だからこそ、「正信偈」（『教行信証』行巻）において「煩悩を断ぜずして涅槃をうるなり。」と言われるのである。

「みずから」の絶対不可能性の基盤である、俗世に独りある、実体化された固定的な要素としてのこの身は、絶対不可能性を自覚することによって、依然として煩悩的存在でありつつも、「空―縁起」なる次元とその働きの中へと導かれていく。凡夫が身としてこの世にある限り、不可避のものとして生まれる煩悩は、自力によっては断ぜられないまま、自覚を媒介として絶対他力の救済の働きの中に包み込まれていくのである。

（4）道元

生涯

一二〇〇年、京都の上級貴族の家に生まれた道元は、幼い頃母と死別し無常を感じたことが、後年の出家の動機となったと伝えられている。比叡山（天台宗）で出家するが、当時の比叡山の教学にはあき足らず、建仁寺《けんにんじ》に入り臨済禅を学んだ。一二二三年、道元は、禅を本場中国でさらに深く学ぶため、入宋する。宋では、曹洞宗の天童如《てんどうにょ》浄《じょう》のもとで修行をし、「身心脱落」したと伝えられる。その後、道元は、如浄から嗣書《ししょ》を与えられた。嗣書とは、師が弟子に対して自分の法を継いだことを認める許可証であり、釈迦から始めて代々の仏祖の名を連ね、最後に如浄を経て道元に至る法系図である。嗣書の授与によって道元は、「仏祖正伝」の自負を持って、日本での弘教の決意を新たにした。

一二二七年、帰国した道元は、日本での宣教の第一声として『普勧坐禅儀』を著し、坐禅の意義と方法を宣揚した。その後、京都深草に日本初の本格的禅院である観音道利興聖宝林寺《かんのんどうりこうしょうほうりんじ》（興聖寺《こうしょうじ》）を開き教化につとめた。この頃、道元の教えを慕って帰依者が集まってきた。特に、後に道元の後継者となった懐弉《えじょう》をはじめ日本達磨宗《にほんだるましゅう》出身の僧たちは、教団内の一大勢力となる。

道元は、禅の修行道場であり、布教の根拠地であった興聖寺で、十余年、教えを広め弟子を指導し『正法眼蔵』を執筆したが、比叡山の弾圧で都落ちを余儀なくされ（ただし都落ちの原因については内的動機によるとの異説もある）、鎌倉幕府の有力な御家人であった俗弟子の波多野義重の招きに応じて、越前（福井県）に下向する。越前下向前後が『正法眼蔵』執筆の質量両面でのピークとなる。

一二四四年、道元は、新たに建立された大仏寺（後に永平寺と改称）の住持となり、俗人をも含めて広く法を説くという従来の姿勢を転換させ、出家した弟子の育成を第一とするようになる。その後、道元は、一時的に鎌倉に下向した以外は永平寺に留まり、弟子を教育するかたわら、『正法眼蔵』の編集作業を続け全一〇〇巻の完成を目指したが、志半ばにして、「八大人覚」巻を最後に、五四歳で示寂した。

思　想

自己と全体世界との関係

まず、『正法眼蔵』「現成公案」巻の一節を手掛かりとして、道元の思想構造の中心に位置する自己と世界との関係について考えてみよう。「現成公案」巻は、『正法眼蔵』冒頭に置かれた、いわば『正法眼蔵』の総説とも言えるものである。

原　文　仏道をならふといふは、自己をならふ也。自己をならふといふは、自己をわするるなり。自己をわするるといふは、万法に証せらるるなり。万法に証せらるるといふは、自己の身心および他己の身心をして脱落せしむるなり。

現代語訳　仏道を習うということは、自己を習うということである。自己を習うということは、自己を忘れることである。自己を忘れるということは、すべての存在によって確かなものとしてあらしめられていることである。すべての存在によって確かなものとしてあらしめられているということは、自己の身も心をも、また自己と一つであるところの他者の身も心をも、解脱させるということである。

仏道修行とは、自己の真相を見極めることである。そして、自己の真相を見極めるとは、「自己を忘れる」ということである。仏教では「無自性」を主張し、あらゆるものに固定的な本質などないことを出発点としている。人は、日常生活において、漠然と「自己」という何か固定的なものがあるかのように考え、その固定的な自己を単位として生活を営んでいる。しかし、仏教の立場からすれば、それはあくまでも日常生活をおくるために仮構されたものであって、実は、自己にも諸存在にも固定的な本質などないのである。「自己を忘れる」ということは、固定的な自我があるという囚われから脱するということである。つまり、自己を追求して、自己とは実は固定的なものとしては存在しないことが分かる。自分だと思っていたものは、自分ではなかったのである。

この「自己を忘れる」ということは、「すべての存在」（万法）によって、「証される」（確かなものとして存在せしめられる）ことであるとされる。ここでは、まさに、「無自性―空―縁起」について言及がなされている。「自己を忘れる」、すなわち「無自性」というあり方は、同時に、本来、空であり無自性である自己が、縁起によって存在しているということでもある。縁起とは、すべての存在（「万法」）との関係の中で、自己がこのように成立しているということである。相互相依関係の中で、このようにあらしめられているということが、「証される」ということなのである。

そして、そのことは、自己と「他己」の心身を「脱落」させることであるという。この「他己」というのは、道元が多用する言葉である。他の存在について言い表わすにあたって、他の存在と自己とが切り離され対立したものではなく、繋がり合って密接な相関関係にあるということを示すために、「他」に「己」という字をつけて「他己」とするのである。この場合の「他己」とは、人に限らず山川草木などすべての存在者を指す。自己が悟ること（身心の脱落）により、「他己」すなわち全存在が悟る、すなわち、自己と「他己」の悟りが連動すると、道元は言う。「身心の脱落」とは、悟りの瞬間に、身も心も囚われ――その囚われの背景にあるのは、自己や他の存在を固定的な要素とし主体と客体として二元対立的に捉える見方なのであるが――から解放されるということを意味していた。悟りにおいて、人は、自己と世界の真相である「空」を体得する。「空」の体得とは、ありとあらゆるものが関係し合って成立しており、本来、固定的な本質などはないと実感することなのである。

この「空」なる相互相依関係の総体を道元は、「遍（法）界」（真実なる全世界）や「尽（十方）界」（全方位を含む世界）などと言い表わす。道元が『正法眼蔵』でしばしば言及する言葉に「尽十方界是一顆明珠」がある。「一顆明珠」とは一つの明るくかがやく珠玉ということで、世界全体を一つの透明な玉と見たてて「空」を表現している。自己と「他己」との悟りが連動するのは、全存在が一つの全体として結び付き合い、連関をなしているからである。世界全体の全存在が結び付きあっているからこそ、一人の悟りが全世界へと波及することができる。仏教、特に禅宗においては、一人が修行し悟ることによって、全世界が悟るということが強調される。釈迦が成道の際に発したと伝えられる「明星出現時、我と大地有情と同時成道す。」（明星が現われた時、そのまたたきを見て私釈迦は悟り、生きとし生けるものすべてが同時に悟った）という言葉も、釈迦の悟りが、世界全体をも悟らせるということを意味している。悟りとは、自己と世界の真相である「空」の自覚である。修行によって、自己も、そして、自己と相互相依関係にある世界の諸存在も「空」であると自覚し、そのことによって自ら「空」の次元に身を置くのである。

修証一等

道元の「悟り」論の中心には、「修証一等《しゅしょういっとう》」の考え方がある。「修証一等」とは、悟りと修行とを等しいもの（一等）として捉えるということで、これは、両者の関係を、修行によって悟りを得るというような手段—目的関係とはしないということである。もちろん、或る人間に即せば、修行して悟るという過程があり、その限りでは、とりあえず、修行が悟りに先行するということは言えるのであるが、しかし、本質的な意味においては、「修証一等」であると道元は主張する。「修証一等」については、『正法眼蔵』に先立って執筆された『弁道話』で以下のように言われているのが参考になる。

原文　仏法には、修証これ一等なり。いまも証上の修なるゆへに、初心の辧道すなはち本証の全体なり。かるがゆゑに、修行の用心をさづくるにも、修のほかに証をまつおもひなかれとをしふ。

現代語訳　仏法では、修行と悟りは等しい。今行っている修行も、本来的な悟りに基づいたものであるから、初心者の修行も本来的な悟りをあますところなくあらわしている。それ故に、修行の心構えを授けるにあたっては、修行に徹するだけで、悟りを期待してはならないと教えるのだ。

ここで言われているように、道元にとって修行とは、悟りを基盤として成り立っているものである。これは、本来的には、修行者がすでに悟りを得ているということである。修行の発端においてはその実感はないが、修行中のある特権的な瞬間において、つまり、悟りの瞬間において、修行者は「空」と出会う。その時初めて、修行者は、自分が修行を開始した時点からすでに、「空」の次元に身を置いていたことに気付く。ここには、本来の自己に還帰するという循環構造がある。目的の実現は、その目的自体を基盤として可能となっているのである。

すでに「空」の次元にある者が、「空」を顕現することが修行なのである。そうであるとしたら、修行することにおいて、「空」の体得それ自体、すなわち悟りという修行の目的が実現されていることになる。つまり、修行と悟りとが等しいということになるのである。

そして、悟りとは、一度手に入れればその後何もしないでもずっと保持できるというようなものではない。修行以外に悟りはないのだとすれば、修行し続ける以外に、悟りを保持する方法はないことになる。修行をする一瞬一瞬こそが、悟りが顕現される一瞬、一瞬なのである。

解脱と現成

さて、「空」の体得=二元対立的囚われからの解放を、「解脱《げだつ》」と言う。解脱とともに、悟りの二側面を成り立たせているのが「現成《げんじょう》」である。「解脱」が「空」への還帰だとすれば、「現成」は、「空」からの「立ち現われ」である。「現成」についての道元の考え方が明確に分かるのは『正法眼蔵』「空華」巻である。

「空華」巻は、眼病の人が何もない空中に見る幻の「花」とされる「空華」を主題としている。「空華」とは、通常は仏道の理をわきまえない人が、物事を実体化して捉えてしまった結果生じる幻であり、否定されるべき迷妄と解釈される。仏道の道理を正しくわきまえれば、幻の花は消えるとされるのである。

しかし、道元は「空華」巻において、通常の解釈を越えて、「空華」を、存在とは本来的には「空」に立脚していることを示す言葉として読み込んでいく。先達の言葉を換骨奪胎して、道元は、本の文脈では「幻」として否定的な意味しかなかった「空華」という言葉を、存在の真相を表わす言葉として肯定的に解釈するのである。

原　文

まさにしるべし、空は一草なり、この空かならず花さく、百草に花さくがごとし。この道理を道取するとして、如来道は「空本無華」と道取するなり。本無花なりといへども、今有花なることは、桃李もかくのごとし、梅柳もかくのごとし。

現代語訳

まさに知るべきである。空は一本の草のようなものであり、かならず空には花が咲く。どの草にも花が咲くのと同じである。この道理を言い取るために、如来は「空本無華」と言い取ったのである。本来的には「空なる花」であるとは言え、「今存在する花」なのである。本来空であるものが、今、花として確固たるものとして存在しているのは、桃やすもも、梅や柳の花と同様なのである。（桃やすもも、梅や柳の花も、「今存在する花」でありつつ本来空なのである。）

ここで特に注目したいのは、「本無華なりといへども、今有華なる」という言葉である。この言葉は、『首楞厳経』所載の「空本無華」という言葉を典拠としている。『首楞厳経』では、空中には本来、花はないにもかかわらず、眼病患者は幻を見るという通常の理解にそって叙述がなされており、「空もとより華なし」と読み下すのが適切である。しかし、道元はこの言葉にもまた、存在の真なるあり方を読み取り、「空でありまた本来的には無である華」（空本無華）として理解し、「本無華なりといへども、今有華なる」という。つまり、存在（華）は、先述のように、本来的には「空そのもの」「無そのもの」へと還元されるものであるけれども、今、この瞬間には、確かなものとして存在するというのである。無分節の「空そのもの」から、「今有華」が分節され立ち現われるのだ。

禅における「さとり」とは、存在がそれぞれ独立して固定化された要素として捉えられるような日常的な意味の枠組みがすべて崩壊し、眼前の「花」が「花」でなくなる「空そのもの」の体験であるが、さらに、そこに立脚して、再び、「空」を「花」として意味付ける行為をもって「さとり」は貫徹される。「空」から「花」を立ち現わすことによって、修行者は再び世界へと還帰するのである。このような「さとり」のあり方を、この「本無華なりといへども、今有華なる」という言葉は語っているのである。

「空」を「花」として意味付けることによって、「花」が立ち現われてくることを、道元は「現成」と呼んでいる。日常的な固定的要素としての存在が空へと還元されることが「解脱」であり、空からまた存在が現われてくることが「現成」なのである。道元は、中国留学中、師である天童如浄から坐禅を通じて「身心脱落」（身も心も抜け落ちる）することを学び、自ら「身心脱落」を体験したという。この「脱落」（＝解脱）体験とは、まさに「空」の体験であるが、そこで体験される「空」とは、「意味以前」とも「存在以前」とも言い換えることができるし、また、「無意味」とも「非存在」とも言える。それは、世界の根底にある「無そのもの」であり「空そのもの」である。そして、このような「空そのもの」は、すべての意味を無化すると同時に、それ故に意味の源泉となるいわば原事実である。修行者は、「解脱」において「空」を体験するのであるが、その体験は体験のみで完結するわけではない。その体験は必ず意味化され言語化される必要がある。「解脱」の体験のあと、修行者は言葉によってその体験を表わす。

後代に作られた伝記によれば、師である天童如浄の「身心脱落」という言葉によって坐禅中に「脱落」を体験した道元は、自らの体験を「身心脱落、脱落身心」と天童如浄に示したという。このように、解脱を体験した修行者はそれを言語化し、師に示すのである。師とは、すでに「空」を体験した者であり「さとり」の先達である。言葉を超える「空」を言葉にした時、その言葉は常に「伝えられなさ」をはらんでいる。師と弟子とは、この伝えられない「空」を基盤にしてコミュニケーションを成立させている。完全には言葉にならず「伝えられないもの」をあえて言葉にして「伝える」ことにおいて、つまり、「伝えられないもの」を「伝える」ことにおいて伝達は成り立つのである。

さらに、本来「空」なる存在が、「今有華」として捉えられるという道元の言葉が示すように、意味や言語の成立は、「今」という時の成立でもある。言語化し、有意味化するとは、時として事柄を序列化し構造化することでもある。つまり、意味、自己、世界の現成とは、時の現成でもあるのだ。

(5) 日　蓮

生　涯

日蓮宗の開祖である日蓮（一二二二～一二八二）は、生涯にわたり、『法華経』を奉じ、『法華経』に基づく現実変革を説いた。時の権力者たちを『法華経』の教えに背く者として激しく弾劾し改心を迫ったために、厳しい弾圧を受け、死罪の宣告まで受けたが、自らの信念を貫き通した。よく知られているように、インドの初期仏教では、「国王は、つまるところ人民の財を取り上げる盗賊であるから、なるべく関わるな。」と説かれ、現実社会と距離をとりつつ修行に励むことが勧められた。インドでは、中央集権的な権力機構が長続きせず、国家権力が相対的に弱体であったが、それとは対照的に、中国では、国家権力が強大であり、そのため鎮護国家仏教が発達した。鎮護国家仏教では、仏教と現実社会とは相互依存的な関係を取り結び、仏教が国家安康を祈願し、国家権力が仏教を保護した。中国仏教の影響下で発展した日本仏教においても、仏教と国家との関係は基本的に相互依存的関係であり、両者の密接な関係は車の両輪、鳥の両翼に喩えられた。このような中にあって、日蓮は、『法華経』を第一義のものとして立て、現実社会と厳しく対峙し、現実社会を、そして日蓮からは誤った現実社会を補完する邪教と見えた既成仏教を、厳しく批判した。このような激しい現実批判と社会改革への意欲は、日本仏教においては異例ではあるが、その思想的系譜からは、不受不施派をはじめ、近代の牧口常三郎など、社会との対立を恐れず信仰を貫く日蓮信奉者を輩出した。また、国柱会の田中智学や満州国を建設した石原莞爾、二二六事件の北一輝、明治期の文芸評論家の高山樗牛、仏教精神に基づく独自の童話や詩で知られる宮沢賢治など、日蓮の信奉者は多岐にわたっている。

日蓮は、安房《あわ》国長狭《ながさ》郡東条郷方海《かたうみ》（千葉県鴨川市小湊）に漁師の子として生まれた。出自については、日蓮自身、「海辺の旃陀羅《せんだら》が子」「日蓮は今生に貧窮下賤の者と生まれ、旃陀羅が家より出でたり。心こそすこし法華経を信じたるようなれども、身は人身に似て畜生なり。」（『佐渡御勘気抄』）と述べている。旃陀羅とは、インドの身分制度において、カースト外に置かれた不可触賤民であり、穢れた者とされた被差別民である。日蓮の実際の出自については、荘官クラス、網元を務める家との説も有力であるが、ここで注目したいのは、日蓮が自分自身で「旃陀羅」を名乗っていることである。ここには仏法を高め、自身を低くするというレトリックが働いているとは言え、他の鎌倉仏教の祖師たちの多くが、自らの出身については特段の言及をしていないのに比べると、日蓮の自己認識の特徴が、この言葉から見てとれる。日蓮は、現世的秩序からは疎外された最下層に、さらに言えば、秩序外にあえて自らを置くことによって、現世的秩序を総体として認識し、仏法という真理を梃子に、その秩序を批判し、転覆させ得るポジションを獲得しようとしたと言えよう。つまり、「旃陀羅」というのは、殺生によって生計を立てる実家の生業への自責の念から出た言葉や、末世の罪深い衆生という自己認識を表わす言葉と受け取ることも可能ではあろうが、むしろ重要なのは、それが、仏法の真理の立場から、眼前の日本という現実を認識し、それと対峙しようとする日蓮が、あえて選びとって強調したポジションであったということであろう。そして、現実の総体的認識という日蓮の志向性がよく現われているのが、日蓮の出家の動機である。一二歳の時、故郷の清澄寺《きよすみでら》（当時は天台宗）に入り学問を修めた日蓮は、後に、入寺について振り返って、虚空蔵菩薩に、「日本第一の智者となし給へ。」という願を立てたことを述べている。釈迦の「四門出遊」の故事にも現われているように、多くの仏教者の出家のきっかけは、父母など近親者の死や世の転変に無常を感じてという場合が多い。現世を無常なるものと見なし、より確かなるものを仏道の世界に求めるのである。そのような場合、現世は基本的には、厭い離脱すべきものでしかないが、日蓮の場合は、眼前の現実をはじめとしてすべてを知り尽くしたいという願いから出発している。そして、そのような智は、日蓮においては、現実社会をどのように覆し変革すべきかというヴィジョンと結び付いていくのである。

さて、「日本第一の智者」となるべく故郷の清澄寺で出家した日蓮は、その後、比叡山をはじめ京都、奈良、鎌倉、高野山の諸寺で研鑽を積み、仏教の真髄を探求し、その過程で、『法華経』と出会う。一乗思想の下で万人の成仏を説く『法華経』こそが、現実変革、衆生救済の要であり、「妙法蓮華経」という経題の五字に、釈迦の教えの真髄である『法華経』の内容のすべてが凝縮されているから、それを称えることで功徳に与かることができるという確信を得るに至った。日蓮は、後に題目について、「我が己心の妙法蓮華経を本尊とあがめ奉りて、我が己心の仏性、南無妙法蓮華経と呼び呼ばれて顕れたもうところを仏とは云うなり。（中略）口に妙法をよび奉れば、我が身の仏性も呼ばれて必ず顕れ給う。」（自分の心の中の法華経を本尊として崇め申し上げ、自分の心の中にある「仏性」（仏の本質）に対して『法華経』の名を呼び、仏性が呼ばれて、現われてくるのが仏なのである。口で「南無妙法蓮華経」と唱えれば、自分の身の「仏性」が呼ばれて、顕れなさる）（『法華初心成仏抄』）と述べている。この言葉から分かるように、日蓮は、『法華経』の題目を唱えることは、『法華経』に開示され、かつ、自己の身心に潜在する「真理」発動への働きかけであると捉えた。

彼にとっては、自らの心の中にある仏の本質に名を与えることで外在的に対象化されたものが「仏」であり、このような仏の認識こそが人間にとっての救済であった。そして、このように、万人の救済を可能にする最高の教えである『法華経』を中心とした新たな社会を建設すべく、現実世界を変革しなければならないと、日蓮は考えたのである。

以上のような確信の下に、一二五三年、故郷に戻った日蓮は、清澄山《きよすみやま》の頂で「南無妙法蓮華経」の題目を高唱した。これをもって日蓮宗の開宗とする。しかし、日蓮は、『法華経』信仰の立場から念仏批判をしたことで、念仏の篤信者であった地頭の怒りをかい、ほどなく故郷を追われてしまう。その後、日蓮は、鎌倉に移り布教を始めた。さらに、彼は、『立正安国論』を著し、近来うち続く天変地異と社会不安は、人々が『法華経』に背き、法然の専修念仏などの邪義に赴いた結果、国を守護する善神が日本を捨ててしまったからであると厳しく批判した。本書において、日蓮は、「一仏の子と生まれて諸経の王に事《つか》ふ。何ぞ仏法の衰微を見て、心情の哀惜を起こさざらんや。」（自分は、仏の子として生まれて、諸々の経典の王である『法華経』に従う身である。どうして仏法の衰微を目のあたりにして、悲しく残念だと思わないことがあろうか）と述べて、世人が『法華経』に帰依しないために仏法が衰えたことを憂えた。そして、「汝早く信仰の寸心を改めて、速やかに実乗の一善に帰せよ。然れば則ち三界は皆仏国なり。」（速やかに信仰を改めて、法華一乗の真理に帰依しなさい。そうすれば全世界が皆、仏国土だ）と言って、国中の人が邪義を捨て『法華経』に帰依すれば、「天下泰平」が実現できるとし、また、もし帰依しないならば、他国の侵略や自国内の謀叛の「二難」は免れられないだろうと警告した。

この『立正安国論』は、前執権で幕府の実力者、北条時頼に献じられたが、その進言は用いられなかった。しかし、日蓮は「国主諫暁《こくしゅかんぎょう》」の失敗にもひるむことなく、後の「念仏無間・禅天魔・真言亡国・律国賊」という四箇格《しかかく》言《げん》に端的に表われているように（ただし伊豆流罪以前は主に念仏と禅が批判対象であった）、激しい他宗批判を繰り返した。正法を確立せんがためのこのような激しい批判は、幕府の弾圧を招き、一二六一年、四〇歳の時には、伊豆に配流されるに至った。しかし、日蓮は、『法華経』にすでにそのような「法難」が予言されており、弾圧を通じて身をもって『法華経』を読むことができた（『法華経』の色読）として、わが身に加えられた弾圧を、むしろ『法華経』の真実性の成就と捉えた。そして、自ら「法華経の行者」を名乗り、さらなる折伏《しゃくぶく》に励んだ。

二年後、許された日蓮は鎌倉に戻るが、他宗への攻撃を止めなかった。そのため、いわゆる小松原の法難、龍口《たつのくち》の法難にあった。特に、一二七一年、五〇歳の時の龍口の法難では、斬罪に処せられそうになったが、危ういところで免れて佐渡に流された。佐渡では三年にわたり困難な生活を送りつつも布教に励んで熱心な信者を得、また、最も重要な著作とされる『開目抄』『観心本尊抄』を著した。赦免の後は身延山《みのぶさん》に隠棲し、著作活動を行いつつ布教に努めた。丁度この頃文永・弘安の役が起こり、蒙古軍が来襲する。このことを日蓮は、自らの予言の成就であると捉えた。日蓮は、人々に、邪義に心を惑わされたことがこのような事態を招いたことを自覚して『法華経』に帰依せよ、と説き、幕府が蒙古軍調伏の祈禱を真言宗に行わせたことを激しく非難した。日蓮にとっては、蒙古軍は、邪教の国となってしまった日本を滅ぼし、『法華経』に基づく新たな国として再生する契機を与える「天の御使」に他ならなかった。しかし、真言宗による加持祈禱がかなって吹いたと当時の人々が考えた「神風」によって蒙古軍が敗退し、日蓮の日本再生へむけての構想は挫折してしまった。そして、弘安の役（一二八一年）の翌年、年来の胃腸の持病が悪化した日蓮は、常陸の温泉に療養に向かう途中、信者の池上宗仲の屋敷（今の東京池上本門寺）で示寂した。世寿、六一歳であった。

思想

法華一乗思想

日蓮は、思想的には天台宗の法華一乗思想に基づく絶対的一元論を奉じた。『法華経』では、三乗（声聞乗・縁覚乗・菩薩乗）は、それぞれ立場に違いがあるが、最終的には、それらの差別が否定されて、統一的かつ唯一の真理である「一乗」へと統合されると説く。それ故に、大乗仏教の立場からは小乗として否定されていた声聞乗・縁覚乗も、救済に至り得るものとして位置付けられた。また、『法華経』では、このような「一乗真実」を、時間的にも空間的にも極限にまで普遍化して、「久遠実成《くおんじつじょう》」と説く。つまり、「一乗真実」の教えを説く釈迦は、人々を導くために歴史的存在者としてこの世に現われたが、それはあくまでも方便としての仮の姿であって、統一的かつ唯一の真理そのものは永遠の過去から全世界に遍満し、働き続けているというのである。この事に関して、日蓮は、『観心本尊抄』第二〇番問答において次のように述べている。

原文

寿量品に云はく「然るに我実に成仏してより已来、無量無辺百千万億那由佗劫なり」等云云。我等が己心の釈尊は五百塵点乃至《じんてんないし》所顕の三身にして無始の古仏なり。経に云はく「我本菩薩の道を行じて成ぜし所の寿命、今猶《なお》未だ尽きず。復《また》上の数に倍せり。」等云云。我等が己心の菩薩等なり、地涌《じゆ》千界の菩薩は己心の釈尊の眷属なり。（中略）上行《じょうぎょう》・無辺行・浄行・安立行《あんりゅうぎょう》等は我等が己心の菩薩界なり。妙楽大師云はく「当に知るべし身土一念の三千なり。故に成道の時此の本理に称《かな》うて一身一念法界に遍し」等云云。

現代語訳

『法華経』「如来寿量品」で次のように言われている。「しかるに私（釈迦）は、実に成仏してより以来、無量無辺百千万億那由佗劫（無限の長い時間）経過している。」と。われわれ自身の心の中の釈尊というのは、五百塵点という無限の過去に顕れた三身（法身・報身・応化身）であって、無始（無終）の古仏である。同じく『法華経』「如来寿量品」で次のように言われている。「私が、これまで菩薩道を修行し功徳を積んだ結果、成ずることのできた寿命は、今なお尽きることなく、上に説いた五百塵点劫に倍するのである。」と。ここで言われている菩薩も同じく己心の菩薩である。大地から涌出した地涌の無数の菩薩は己身の釈尊の眷属である。（中略）上行・無辺行・浄行・安立行など、地涌菩薩の上位の菩薩たちは、皆ことごとく、我等が己身の菩薩である。妙楽大師湛然は言っている。「当に知るべきである。仏の真理の世界は一念三千である。それ故に、真理を体得して成仏する時には、この根本真理に合致して、行者のこの身、この心が真理世界に遍満するのである。」と。

ここでは、『法華経』「如来寿量品」の久遠実成の釈迦について、まず、言及されている。釈迦は「伽耶《がや》城を去ること遠からず、道場に坐して」始めて成仏した、すなわち、カピラヴァストゥを出て修行をしてブッダガヤーで成仏したと考えられているが（伽耶《がや》始成《しじょう》、始成正覚）、実は、永遠の昔にすでに成仏しており、歴史的存在としての釈迦は、その永遠の仏（久遠実成）の一発現に過ぎないというものである。「無量無辺百千万億那由佗劫」も「五百塵点」も無限を表わす言葉である。そして、その無限の過去に成仏した釈迦は、人間の心の中に宿っており（仏性）、さらに、地涌の菩薩などの菩薩も釈迦の眷属として、心の中に宿っている。永遠の釈迦や菩薩が、自分の心の中にいるというのは、自己が真理へと繋がっているということである。つまり、人間の心は、己一人に閉じた限定されたものではなくて、無限の時間、空間へと広がり、繋がり合っている。中国天台宗の開祖天台智顗や第六祖湛然が主張する「一念三千」とは、まさにこの人間の通常の心が真理世界と結ばれているという主張なのである。

この「一念三千」というのは、天台観法によって得られる超越的境地であるが、日蓮は、このような観法は末世の凡夫の為し得るところではないとした。そして、その代わりとして『観心本尊抄』の終結部で「一念三千を識らざる者には、仏大慈悲を起して、五字（妙法蓮華経）のうちにこの珠を裹《つつ》み、末代幼稚の頸《くび》に懸けさしめたもう。」（難解な一念三千が理解できない者に対して、仏は大いなる慈悲をかけて、「妙法蓮華経」という題目の五文字のうちに真理の玉を包んで、末世の未熟な者たちの首にかけてやったのである）として、真理を開示する経典『法華経』の題目を唱えることを勧め、真理世界との繋がりを確保させたのである。

一念三千
人間の日常的な心（一念）に宇宙のすべての事物事象（三千）が備わっているという、天台智顗が『摩訶止観』第五で創唱し、湛然が展開した天台宗の基本的教理で、天台観法では、この理を瞑想修行によって実践的に体得することを目指す。なお、三千というのは、十界（地獄・餓鬼・畜生・修羅・人間・天・声聞・縁覚・菩薩・仏）が互いを具足しているから百界であり、そのそれぞれに十如是（諸法実相すなわち存在の真のあり方の一〇のカテゴリーで、相・性・体・力・作・因・縁・果・報・本末究竟等のこと）が備わるから千如是であり、さらにこれらそれぞれに三種世間（衆生・五蘊・国土世間のこと）が備わるから相乗する。このようにして三千の法数が得られる。

さらに、日蓮は、自らを「地涌の菩薩」、とりわけその筆頭である「上行菩薩」になぞらえる。地涌の菩薩とは、『法華経』によれば、久遠実成の釈迦より五百塵点劫の過去から教化を受け、釈迦が『法華経』を説くにあたって大地から涌出し、末世に『法華経』を広めることを、釈迦から付嘱された者である。日蓮は、自らを上行菩薩として、『法華経』の絶対的一元論を実践的に受け止め、「娑婆即常寂光土」として現実を仏国土化すること、つまり日本の国を『法華経』を通じて仏国土にすることを使命として、忍難殉教の菩薩行に励んだのである。なお、日蓮が他のどの宗派にもまして法然の専修念仏を批判したのは、まさにこの点に関わっている。絶対的一元論の下で現実変革を訴える日蓮の立場からは、厭離穢土、欣求浄土を称える浄土信仰の二元論的志向は、決して認められないものだったのである。（このような日蓮の批判に対して、念仏信仰の側からは、口称念仏は経典にその根拠があるが、日蓮の題目にはそれがないという反撃がなされた。)

日蓮の上行菩薩としての自覚は、その著作の様々な箇所から窺うことができるが、中でも最も知られているのは、『開目抄』の次のような言葉であろう。

原 文

詮ずるところは、天もすて給へ。諸難にもあへ。身命を期とせん。(中略)善に付け悪に付け、法華経をすつる、地獄の業なるべし。大願を立つ。日本国の位をゆづらむ、法華経をすて、観経等について後生を期せよ。父母の頸を刎ねん、念仏申さずは。なんどの種々の大難出来すとも、智者に我が義やぶられずば用ゐじとなり。その外の大難、風の前の塵なるべし。我日本の柱とならむ、我日本の眼目とならむ、我日本の大船とならむ、等とちかひし願、やぶるべからず。

現代語訳

結論を言えば、天も私を捨てたまえ。諸難にもあわせたまえ。この身と命の限り立ち向かおう。(中略)善悪いずれにつけても、『法華経』を捨てることは地獄に堕ちる原因となる行為に他ならない。だから、私は大願を立てたのである。「日本国王の位を譲ってやろう。そのかわり『法華経』を捨てて『観無量寿経』などの浄土経典に従って死後の浄土往生を願え。」「念仏を唱えないならば父母の首を刎ねてしまうぞ。」などと様々に難題を投げつけられようとも、智者に私の考え方を論破されないならば、そのような言葉には耳を貸さない。その他の大難は、風の前の塵のように取るに足りないものである。私は日本の国の柱となろう。日本の国の眼となろう。日本の国の救いの船となろう。このように立てた誓いをやぶることはできない。

ここで日蓮は、たとえどのような迫害にあおうとも自分は『法華経』を宣布して唱題を勧め、そのことによって日本の国を支え守っていこうという誓いを立てている。日蓮は、他のどの仏教思想家にもまして、この日本という地に密着した救いを追求した人であった。そこは、まさに地涌の菩薩が涌いてくる大地であり、仏国土を建設すべき場所であったのだ。

(6) 一遍

生涯

踊念仏で知られる一遍（一二三九～一二八九）は、『一遍聖絵《ひじりえ》』（一遍没後一〇年に完成した伝記絵巻、国宝、わが国宗教美術の白眉）の絵姿によると、眼光鋭くひときわ長身頑健で、まさに「異形のカリスマ」というにふさわしい。出身は、伊予国（愛媛県）の豪族の河野氏である。水軍で名高い河野氏は、大三島神社（大山祇《おおやまつみ》神社）の祭祀者でもあった。一遍が、法然や親鸞などと違って神祇信仰が厚かったのは、このような生育環境も影響していよう。河野水軍は瀬戸内海で力を奮っていたが、承久の乱で上皇方について、祖父の河野通信が陸奥国に配流されたのをはじめ一族の多くの者が罰せられたことから、一遍誕生当時は、かつての勢いを失っていた。

一遍は、一〇歳で母を失ったことをきっかけに出家し、一三歳以降は、法然の高弟、西山《せいざん》義の証空の弟子にあたる大宰府の聖達《しょうだつ》の下で学んだ。西山義は、法然門下の諸流の中でも念仏を重視する一派であり、また、叡山の天台本覚論の影響を受けて、一念の信において阿弥陀と一体となって成仏し、この世は浄土になると主張していた。一遍が二五歳の時、父が亡くなり家督を継ぐために還俗するが、一族の争いに巻き込まれ、三二歳の時、再び出家し、各地を遍歴する。高野山では高野聖と交流し、信濃（長野県）の善光寺では、阿弥陀仏による救済を視覚化した「二河白道図《にがびゃくどうず》」を模写し、それを掲げて伊予の窪寺で三年称名念仏をし「十一不二の頌」を感得した。また、各地の山林で命がけの厳しい修行を続けたと伝えられる。諸国行脚しながら、一遍は、賦算《ふさん》（「南無阿弥陀仏」の六字を記した念仏札の配布）を行った。

一二七四年、一遍は、自己の思想の発展の上で画期的な出来事を経験する。『一遍聖絵』によると、一遍は、当時阿弥陀の浄土と信じられていた熊野本宮に向かう途中、一人の僧に出会い、「一念の信を起こし、南無阿弥陀仏と称えて、この念仏札を受けよ。」と勧めるが、僧は「一念の信が起きないから、念仏札を受けられない。」と拒否した。とりあえず、僧には念仏札を渡したが、一遍はこのことについて思い悩み、熊野本宮証誠殿に参籠し、神慮をうかがった。すると、宮の中から白髪の山伏の姿で熊野権現（本地は阿弥陀仏）が現われ、「お前の勧めによってはじめて、一切衆生が往生するのではなくて、阿弥陀仏（法蔵菩薩）が十劫の昔に開悟成道したときに、すでに一切衆生の往生は定まっているのだ。だから、信不信を選ばず、浄不浄を嫌わず、念仏札を配布せよ。」と告げた。また、この時一遍は、それぞれの句の最初の文字をとって「六十万人頌」と呼ばれる、「六字名号一遍法　十界依正一遍体　万行離念一遍証　人中上々妙好華」（南無阿弥陀仏という六字名号は唯一の遍き真理であり、全世界の万物が名号において一体となる。すべての行は名号の功徳によって執着を離れた唯一絶対の悟りに通じる。名号を称える人こそ泥中に咲く白蓮華のように優れた人である）という頌を感得し、この偈に因んで「一遍」と名乗るようになり、念仏札に「決定《けつじょう》往生六十万人」という言葉を追加したという。一遍は、「わが法門は熊野権現夢想の口伝なり。」とも言っており、後に成立した時宗教団では、この神勅拝受をもって時宗の開宗としている。「熊野成道」とも呼ばれるこの出来事によって「ますます他力本願の深意を了解した。」とされる一遍は、その後、一六年間、寺も教団も持たず、「一所不住」「無所有」「本来無一物」の念仏勧進の遊行を行い、南は九州、北は東北まで、自然と集まってきた弟子たちとともに漂泊の旅を続けた。「浄不浄を嫌わず」という宗旨から、その一行には非人も交じっていたとされる。旅の途上、一遍は、念仏札を配り、広く人々に結縁を勧めた。すべてを捨て去ったその遊行は、まさに開祖釈迦が成道後数十年にわたって続けた布教の旅になぞらえることができよう。

さて、一遍は、一二七九年信濃国伴野《ともの》（長野県佐久市）またはその近くの小田切の里で踊念仏を始める。これは、尊敬する市聖・空也に習ったもので、念仏を唱え鉦鼓等を叩きながら、僧俗一体となって集団で踊る行であり、集団的エクスタシーの中で自他融合の悟りの境地を体感することを目指すものであった。伴野の地は、一遍のおじ通末が承久の乱後に配流され亡くなった場所でもあった。また、一二八〇年には、陸奥国江刺郡（岩手県北上市）にある祖父通信の墓に詣でている。前述の『一遍聖絵』では一遍の一行が墓の周りで不遇の中で亡くなった通信の墓を拝んでいる場面が描かれており、この時も、踊念仏が行われたものと考えられる。このように、不遇のまま他郷で死んでいった親族にちなんだ地を一遍が訪問して、そこで踊念仏をしているということは、踊念仏が鎮魂の意味を持っていたと言い得る。自他不二の恍惚境において、死者も生者も一つになり、この世とは違う次元が体感される。苦しむ死者の孤独な魂は、呼び起こされ他の魂と融合し、浄化されることで、救済され鎮魂されていったのである。その後も、一遍は、四天王寺、当麻《たいま》寺、石清水八幡宮、書写山円教寺、厳島神社など各地の寺社を参詣しつつ、念仏勧進の旅を続けた。『一遍聖絵』によれば、各所において、紫雲がたなびいたり、花が降ったり、竜が念仏に結縁するために現われたりと、様々な奇瑞が現れ、信者は感涙にむせんだという。

一二八九年、尊敬する教信沙弥の墓のある播磨印南野《いなみの》（兵庫県加古川市）教信寺へ向かう途中、摂津兵庫津の観音堂（後の真光寺）で入滅する。世寿五一歳であった。一遍は、「わが門弟におきては、葬礼の儀式をととのふべからず。野にすてて獣にほどこすべし。」と遺言し、また、臨終を前にして、阿弥陀経を誦しつつ、一切の書籍を焼き捨ててしまい、「一代の聖教皆尽きて、南無阿弥陀仏になりはてぬ。」（釈迦一代の教えは皆なくなって念仏だけが残った。釈迦の教えのすべてが念仏に込められている。）と言ったという。まさに「捨聖」に相応しい最期であった。

思　想

念念往生

一遍の思想は、浄土教思想の中でも、一元論的傾向が強いことで知られている。普通、浄土信仰においては、現世は救いのない罪と迷いに満ちた末世であり、それ故に死後に浄土に往生してそこで成仏すると考えられる。つまり現世と死後赴く浄土とは、質的にも全く断絶したものとして二元論的に捉えられるのである。しかし、一遍の場合は、そうではない。衆生は、今、ここですでに救われており、現世がすでに浄土であるというのだ。このことについて考えるには、一遍が善光寺で授かった二河白道図を前に瞑想した時に感得したと伝えられる、以下のような「十一不二の頌」がてがかりとなる。

原　文　十劫に正覚す衆生界　一念に往生す弥陀の国　十と一とは不二にして無生を証し　国と界とは平等にして大会に坐す

現代語訳　阿弥陀仏は「念仏するすべての衆生が救われるまで自分は往生しない。」という誓願を立て修行して、十劫という遥かに遠い過去に成仏（正覚）した。つまり、その時に、衆生界にいるすべての者の往生が定まり、すべての者が救われたのである。だから、衆生がひとたび念仏を唱えれば、阿弥陀仏のいる西方浄土に往生することができる。遠い過去に成仏した阿弥陀仏と、今ここで念仏を唱える自己とは、一体のものであり、その時、仏も自己も、生死輪廻する迷い苦しみの世界を超え、空そのものとなり、悟りを体現する。その時、阿弥陀仏の浄土と衆生界とは同一のものとなり、この娑婆世界は浄土となる。そして、衆生は、阿弥陀仏の説法の席に連なることができるのである。

この頌が言わんとしていることは、まず、仏と衆生との一体性であり、その一体性をつなぐものは、「南無阿弥陀仏」の口称念仏であるということである。阿弥陀仏が十劫の昔に立てた誓願は「念仏する衆生をすべて救おう。」

というものであったのだから、その誓願を信じて救われたいのならば、念仏を唱える必要がある。自己の救いの源である阿弥陀仏にすべてをうちまかせて念仏をする時に、自己は浄土における救いを得ることができる。そして、その浄土における救いは「無生」と表現されている。無生とは、生死輪廻、迷い苦しみを超えているということであり、さらに言うならば、すべての煩悩の滅した空の境地を体現するということである。一遍は、「六字の中　本生死無し　一声の間　即ち無生を証す」（六字名号にはもとより生死の迷いは無い。名号を一声称えれば、即座に迷いを離れた境地を悟る）という「六字無生の頌」も作ったとされている。これは、「南無阿弥陀仏」という言葉には悟りが込められており、それを称えると即座に「無生」を悟ることができるという意味である。念仏を称えることによって、衆生は、仏と一体となった「無生」の境地に参与することができるのである。

ここで注目されるのは、自己が今ここで一回念仏を唱えたならば、浄土に往生し、この世が浄土になると言われていることである。たとえば、親鸞の場合であれば、この世において信心決定し念仏を唱えたとしても、成仏できるのは死後に往生してからであった。つまり、煩悩に満ちた身から死によって解放されない限り、成仏はあり得なかった。それに対して、一遍の場合は、今ここで称える念仏において、仏と衆生、穢土と浄土の絶対的質差が乗り越えられると主張されているのである。そして、一遍は、このような現世と浄土との一体化を実現するためには、自己を捨て切ることが必要であると『一遍上人語録』において以下のように説明する。

原文

念仏の行者は智慧をも愚癡をも捨て、善悪の境界をも捨て、貴賤高下の道理をも捨て、地獄をおそるる心をも捨て、極楽を願ふ心をも捨て、又諸宗の悟をも捨て、一切の事を捨てて申す念仏こそ、弥陀超世の本願に尤もかなひ候へ。かやうに打ちあげ打ちあげ唱ふれば、仏もなく我もなく、まして此内に兎角の道理もなし。善悪の境界、皆浄土なり。外に求むべからず。厭ふべからず。よろづ生きとし生けるもの、山河草木、吹く風、立つ浪の音までも、念仏ならずといふことなし。人ばかり超世の願に預るにあらず。またかくの如く愚老が申す事も意得にくく候はば、意得にくきにまかせて、愚老が申す事をも打ち捨て、何ともかともあてがひはからずして、本願に任せて念仏し給ふべし。念仏は安心して申すも、安心せずして申すも、他力超世の本願にたがふ事なし。弥陀の本願には欠けたる事もなく、余れる事もなし。此外にさのみ何事をか用心して申すべき。ただ愚なる者の心に立ちかへて念仏し給ふべし。

現代語訳　念仏の行者は、知恵も愚かさも、善悪の区別も、貴い賤しい、（身分が）高い低いという理屈もすべて捨てて、地獄を恐れる心も、極楽を願う心も捨て、また他宗派が言う悟りも捨て、このように一切の事を捨てて称える念仏こそ、阿弥陀仏が遥か遠い昔に立てた本願に最もかなうのである。このように声高く称えれば、仏もなく我もなく、まして、念仏を称える中に理屈はない。善悪等を区別することで成り立っているこの世も、（念仏することによって）浄土に成るのだ。それ以外に極楽浄土を求めてはならない。この世を嫌がってはならない。生きとし生けるもの、山や川や草や木、吹く風や立つ波の音までも、念仏でないということはない。人だけが阿弥陀仏の本願にあずかるのではないのだ。また、このように私が申すことに納得できなければ、納得できないまま、私の言葉をうち捨てて、ああだこうだと思いめぐらし分別を働かせずに、ただ、阿弥陀仏の本願に任せて念仏せよ。念仏は、信心して称えても、信心せずに称えても、阿弥陀仏の本願に違うことはない。阿弥陀仏の本願には、不十分な事はなく、余る事もない。今申し上げたこと以外に、心して申し上げることは何もない。ただ愚かな者の心に立ち帰って念仏なされよ。

まず、一遍は、賢愚、善悪、貴賤、高下の区別をすべて捨てよと言う。賢愚、善悪、貴賤、高下という二元対立は、現世すなわち穢土における相対的区別である。人々の生きる世俗世界は、すべて、このような区別によって成り立っている。人々は、低い価値を捨てて高い価値を欲し、その執着はとどまるところがない。煩悩の基盤となるこのような相対的差別をすべて捨て去れというのが、「捨聖」一遍の主張である。あらゆる二元相対的な差別を捨て去る境地は、まさに「空」を体得した悟りの境地である。そして、この色形を超えた「空」が自らを「色形」として具体化したものが阿弥陀仏に他ならない。「空」とは、知恵と慈悲の働きそのものである。阿弥陀仏がいて、その阿弥陀仏が智慧と慈悲の働きを持っているというより、むしろ、すべてを相互相依に結びつけようとする働きを、衆生の側の言葉で分節化し具体的に言い表わすとそれが、「阿弥陀仏」「智慧」「慈悲」ということになるのである。阿弥陀の誓願とは、まさに、この働きの中に衆生を救いとり、働きに一体化させようという誓いなのである。

俗世のすべてを捨てることは、阿弥陀仏の働きに自らを一体化させようという営為であり、それは、本願に自らを任せることである。すべてを捨て去ることは、「南無阿弥陀仏」という名号を称えることである。念仏を称えることは、俗世の他のあらゆる行為とは全く質の違う行為である。俗世の他の行為は、すべて因果応報の連鎖の中にあって無限の輪廻転生の中に衆生を縛り付ける。一遍にとって、念仏はそのような連鎖を断ち切って、「空」を体得し成仏することに繋がる唯一絶対の行為である。念仏を称える者をすべて救おうというのが阿弥陀仏の誓願であるのだから、衆生はその誓願の通りに念仏すれば救われる、より正確に言えば、すでに救われているということが自覚される。

そして、阿弥陀仏によってすでに救われているのは、生きとし生ける者のみならず、山川草木など、現世のあらゆる事物であり、救われているからには、それらも、すべて念仏を称えていると一遍は言う。風の音、波の音、あらゆる音が念仏であり、現世はそれらの音の響き合う浄土と化する。弟子が死後に編集した『一遍上人語録』には「当体の一念を臨終とさだむるなり。しかれば念念臨終なり、念念往生なり。」という一遍の言葉が記されている。念仏する今、ここ、この瞬間が、臨終し往生する瞬間であるというのである。浄土は、死後に赴く、現世とは隔絶した他界ではなくて、現世のこの瞬間に、すでに実現されているのである。

念仏と信

一遍は、念仏によって上述のような現世における浄土に参与することができるのであるから、教理が信じられなかったとしても、一遍の教えに納得できなかったとしても、念仏せよと言う。一遍に与えられた熊野権現の神託の「信不信にこだわらずに念仏札を与えよ。」という一節からも分かるように、一遍において唯一絶対の行為は念仏であり、「信不信」は問題ではなかったのである。ここで言う「信不信」というのは、衆生がことさらに行う、いわば「自力」の信を意味している。世俗のすべてを捨てるということは、世俗世界の基本的な単位である自己を捨てるということであり、自己のはからいを捨てるということでもある。自己に由来する「信」があるかどうかなど、全く救済とは関係はないと一遍は主張するのである。これは、たとえば親鸞が、自己の信心を「阿弥陀仏より賜ったもの」として捉えていることと軌を一にする主張である。親鸞の場合、信心と念仏は一体のものであったが、その信心は他力の信心、つまり阿弥陀仏の往相廻向によって成立する信心であった。一遍の場合も、自力の信心のあるなしにかかわらず、阿弥陀仏の誓願他力に自らを委ね、誓願の通りに念仏することが主張された。つまり、親鸞も一遍も、それぞれに阿弥陀仏の絶対他力を、自己の置かれた思想的文脈の中で主張していると言えよう。

以上説明したような、一遍における他力念仏思想と、その布教との関係はどのように考えられるであろうか。右に比較した親鸞の場合、弟子たちからの求めに応じて法を説くという受け身的布教であり、布教の手段も、東国と京都に離れていたという事情もあり、手紙や法語を与えるという言語を介したものであった。最晩年まで主著『教行信証』に手を入れ続けて完成度を高めて弟子たちに残そうとしたことからも分かるように、親鸞は、自己の教えを、理路を尽くした言葉というかたちで後世に伝えようとした。それに対して、一遍の場合は、寺社など人々の集まる宗教的聖地を経めぐって、何十万何百万枚とも言われる大量の念仏札を配布し、念仏に結縁させ、さらに、踊念仏を広めて集団的陶酔の中に自他不二の境地を体感させた。念仏札を受けるという行為そのものは、自力の信不信とは関わりなく念仏を受け取るという意味で、他力念仏と等価であろう。また、踊念仏では、念仏を絶え間なく称えつつ集団で輪になって回り続けるという行為を繰り返すうちに、意識の常同性、個体性が打ち破られて、自他不二一体の境地が出現する。その無念無想の境地は、まさに他力念仏によって実現されたものである。一遍は、人々に念仏札を配り、踊念仏へと誘うことで、他力念仏を民衆にも分かりやすいかたちで広めたと言えよう。

さて、この「他力念仏」による自他不二の世界については、法燈《ほっとう》国師との興味深い伝説が残っている。あくまでも伝説であるとは言え、一遍の他力念仏思想をよく伝えているその話は次のようなものである。

一遍が、紀伊国（和歌山県）由良の興国寺の開山、法燈国師の下で修行をしていた時、一遍は自らの境地を和歌に託して、「となふれば　仏もわれも　なかりけり　南無阿弥陀仏の　声ばかりして」と詠んで師に示した。しかし、法燈国師が、まだ徹底していないと斥けたところ、一遍は、「となふれば　仏もわれも　なかりけり　南無阿弥陀仏　南無阿弥陀仏」と詠みなおした。その歌を法燈国師は高く評価し、一遍に印可（悟ったという証明）を与えた。（『一遍上人語録』）

最初の和歌も次の和歌も、念仏によって仏我一体となった境地を表現しようとしているのである。最初の和歌が斥けられたのは、「声ばかりして」と詠んだ場合、声を聞く私と、念仏の声とが分離して別個のものになってしまうからであろう。しかし、詠み直した方では、その分離がなく、ただ、念仏のみがある。すべてを捨て去り、遂には自己をも放下した時に、阿弥陀仏の救いの働きを具体的な形にした「南無阿弥陀仏」という言葉のみがそこに響く。その時、自己は、すべてを捨てて阿弥陀仏の働きの中に自らを委ねたという意味で、仏と一体になる。つまり、「仏も我もなかりけり」という状態になるのである。この「他力念仏」による自他不二の世界は、あらゆるものと繋がり合い、念仏を響かせ合う世界でもあるが、それは、現世におけるすべてのものを捨て去った時に見えてくる世界でもあった。つまり、現世的関係から離れて全く一人になって初めて見えてくるものなのである。これについて一遍は、『一遍上人語録』で次のように言っている。

原　文

生きながら死して静かに来迎を待つべし、と云々。万事にいろはず、一切を捨離して孤独独一なるを死するとはいふなり。生ぜしも独りなり。死するも独りなり。されば人と共に住するも独りなり。添い果つべき人無き故なり。また、我が無くして念仏申すが死するにてあるなり。

現代語訳

生きていながら、すべてを捨て果てて死んだと同然になって静かに来迎を待ちなさい。何事にもこだわらず、一切を捨て果ててたった一人であることを「死んでいる」というのである。人間は、一人で生まれて、一人で死んでいくのである。だから、たとえ人とともにあったとしても一人である。最期までともにいることなどできないのである。すべてを捨てて自分も捨てて念仏を称えるのを「死んでいる」と言うのである。

一遍は、この世のすべて、自己すらを捨てようとしているという意味で、この世の人ではなく、死人になっている。そのような死人は、この世のすべての間柄から自らを切り離して「孤独独一」なる存在である。そして、すべてを捨て果て、阿弥陀仏の他力の働きにすべてをうちまかせ、念仏そのものになりきるその「一念」を、一遍は、「往生」「成仏」と捉えていたのである。その「一念」において、人は全く「孤独独一」でありつつ、世界のすべてのものと空―縁起において繋がり合うことができるのである。

第3章　近世仏教の思想

(1)　近世仏教の概観

近世は、一般に、中世の「憂き世」が「浮き世」に転じていった時代として捉えられる。つまり、現世を否定的なものとして、そこからの離脱を願うのではなく、現世を肯定し、現世的な楽しみを享受しようという志向が強まってくる。また、このことは無常観から生々観への変化として捉えることも可能である。無常観とはすべては変化し滅んでいくものだと世界や人間を捉える思想であるが、生々観とは、そのような変化は滅びではなく、次々に生まれることであると捉える見方である。生々観にたてば、現世は祝福された肯定的なものになる。このような近世における思想の変化は、仏教思想にも大きな影響を与えることになった。仏教においても、インド仏教などと比較してもともとかなり強かった現世肯定的な傾向がさらに強まってくるのである。

さて、徳川幕府は、寺請檀家制度を確立し寺院を統治機構の一機関に位置付けるとともに、法度《はっと》により寺院を厳しく統制した。その反面、学問を奨励し、各宗派では「宗学」と呼ばれる護教的な仏教研究が盛んになり、宗祖の著作をはじめ関連する経論の研究が盛んになった。その成果は、現在の日本の仏教研究の厚い基盤を形作っている。

この時代、儒教や国学が優れた思想家を輩出したのに対して、仏教側では鈴木正三《しょうさん》、盤珪《ばんけい》、白隠《はくいん》などの庶民教化者や、妙好人などが活躍したにせよ、その思想的成果は中世に比べれば大きなものとは言えなかった。思想界の主導的地位は儒教や国学に移り、儒者や国学者からは排仏論が唱えられ、仏教は守勢に立たされた。なお、辻善之助（一八七七～一九五五）以来、社会体制に組み込まれた近世仏教を「堕落仏教」として指弾する傾向が強い。しかし、近年、このような見方は、鎌倉新仏教を最善のものとする日本近代の仏教史研究のバイアスがかかったものであり、仏教の大衆化、道徳教説としての浸透、教学の進展という面から新たに近世仏教の積極面を見直していこうという動きも起こっている。

（2）鈴木正三

生涯

職分仏行説を唱えたことで知られる鈴木正三《しょうさん》（一五七九～一六五五）は、江戸初期の曹洞宗の僧侶であり、『因果物語』などの仮名草子の作者でもある。本名を重三《しげみつ》と言い、三河国加茂郡足助《あすけ》庄（愛知県豊田市則定町）の則定《のりさだ》城主鈴木重次の長男として生まれた。旗本として徳川家康・秀忠に仕え、関ヶ原の合戦、大坂の陣に従軍して武勲を立てるが、一六二〇年、四二歳で出家した。出家については、「しきりに世間いやになり」（『驢鞍橋』下一三）切腹覚悟で剃髪したところ秀忠の温情で隠居を許された、と正三自身が述べている。出家後は、京都妙心寺の愚堂東寔《ぐどうとうしょく》をはじめ、臨済宗、曹洞宗、律宗の僧に宗派を超えて参じた。しかし、その誰からも、正規の法脈を受け継いだり、嗣法したりせずに、自由な立場を貫いたことは、正三の大きな特色である。広く諸国を遍歴した後、郷里に戻り、石平山恩真寺を建立し住した。

一六三九年、六一歳の時に、「はらりと生死を離れ、慥《たしか》に本性に契ふ。」（『驢鞍橋』下一三）という見性体験をしたが、正三はその境地に安住することなくさらに研鑽を積んだ。一六四一年、六三歳の時には、島原の乱平定後の天草に入り布教活動を行い、キリスト教批判の書である『破吉利支丹』を著した。一六四八年、七〇歳の時、正三は、江戸に上り、四谷の重俊庵や牛込の了心庵などに住して、庶民教化に励んだ。一六五五年、死期を悟った正三は、駿河台にある弟重之の邸に移り、最期まで気丈に弟子を導き、七七歳で入寂した。

正三を考える上で、三河武士の出身ということは重要なファクターである。三河武士は、主君のために命を惜しまず果敢に戦うことで天下に勇名を馳せたが、その三河武士の出身者らしく、正三の禅風も、「勇猛《ゆうみょう》堅固」であった。正三は自らの禅を仁王禅と呼び、仁王のように強い心で「活きた機」を用い、煩悩に打ち勝ち、ひたすらに修行に励むことを主張した。それは、「眼をみすえて死に習う」（『驢鞍橋』上八二）、つまり、眼をかっと見開いて自己の敵たる煩悩を見極めて、死ぬ気で励む激しい実践であった。正三は、それを、「果たし眼《まなこ》」（戦場で敵と対峙した時の眼）の仏法とも、「物に勝つ浮かむ心」（煩悩に打ち勝って勇み立つ強い心）の禅とも呼んだ。

主著『万民徳用』では、「世法即仏法」を掲げ、士農工商のそれぞれが、自らの職分に励むことこそが修行であると強調した。特に、商人にとっては「正直の道」に則って利益を上げることが修行であると主張したことは、職業倫理、経済倫理という観点から注目されている。

思　想

仏法と世法

正三が生涯目指したのは、「大勇猛心」を持って修行に邁進し、煩悩を滅ぼして「空」「無心」を体現し続けることであった。「本来空」とは、あらゆる執着する対象がなくなった、煩悩を離れた境地である。このような「本来空」の境地を体得するためには、もちろん坐禅に励むことが必要であるが、次に見るように、正三が強調したのは、坐禅のみが修行なのではなくて、日常生活のあらゆる行為が修行であり、坐禅と等価だとした点である。このような主張は、伝統的に禅宗の中で強調されてきたことであり、たとえば唐代の禅者である馬祖は「平常心是道」「日用即妙用」と日常生活の中に道を見出すべきことを述べた。ただ、馬祖において想定されているのは、基本的には出家者の生活であったが、正三の場合は、それを世俗の生活すべてにまで押し広めたところに特徴がある。たとえば、正三は、『万民徳用』職人日用において次のように述べる。

原文

何の事業も皆仏行なり。人々の所作の上において、成仏したまふべし。仏行の外成作業有べからず。一切の所作、皆以世界のためとなる事を以しるべし。仏体をうけ、仏性そなはりたる人間、意得あしくして、好て悪道に入事なかれ。本覚真如の一仏、百億分身して、世界を利益したまふなり。鍛冶番匠をはじめて、諸職人なくしては、世界の用いる所、調うべからず。武士なくして世治まるべからず。農人なくして世界の食物あるべからず。商人なくして世界の自由、成るべからず。此外あらゆる事業、出来て、世のためとなる。（中略）その品々、限りなく出て、世の為になるといへども唯是一仏の徳用なり。此のごとくありがたき仏性を、人々具有すといへども、この理を知らずして、我と此の身を賤《いやしとな》し、悪心悪業を専として、好て悪道に入を、迷の凡夫とはいふなり。

現代語訳

どのような事業もみな仏行である。人々はみなそれぞれの営みをなし、その営みにおいて成仏なさるのである。仏行に成り得ない事業などないのである。一切の営為は、皆、世界のために行なうのであるということを理解せよ。仏としての身を持ち、仏性が具わっている人間が、その心がけを悪化させて、自分から悪道に入ってはならない。根源的な真理としての一仏が、百億に分身して、世界の役に立っているのである。鍛冶番匠（鍛冶屋や大工）をはじめとして、諸々の職人がいなければ、世で用いる道具を調達することができない。武士がいないなら世の秩序がおさまらない。農民がいなければ、世の人々が食べる食料がなくなってしまう。商人がいないならば自由な物流が成り立たない。この他、あらゆる仕事があってすべて世の役に立っている。（中略）これらすべては、皆、ただ一つの仏の働きが具現したものなのである。その働きの現われが人々が生まれつき備えている「仏性《ぶっしょう》」（仏の本質）である。このような有り難い仏性を具えているにもかかわらず、人間は、そのことに気付きもしないで、自分からその身を賤しいものとして、悪心によって邪悪な行為ばかりをなして、好き好んで悪道に入ってしまう。これを迷いの凡夫というのである。

ここで、正三は、士農工商をはじめあらゆる世俗の職業がすべて「仏行」であるとしている。武士が戦場で主君のために戦うことも、農民が鍬を持って耕すことも、職人が人の役に立つものを作り出すことも、商人が正直に商売に励み利得を得ることも、それらは、皆仏の行いであると言うのである。なぜならば、世界の根源にある真理を人々は自らに潜在させており（仏性）、世の様々な職業もみな、そのような真理を具現するための手立てとして存在しているからである。だから、職業を通じて、自らの心を鍛錬し、貪瞋痴などの邪心を克服していくことで、仏の道を歩むことができるし、万人が、職業実践をなし自らの役割を果たすことで、互いに役に立ち合い、支え合うという互恵的関係（＝縁起）を結ぶことができるのだ。

さらに、注目されるのは、ここで、正三が、在家の仏教信者は、ことさらに仏道修行をしなくても、それぞれの職業にはげむことで、仏道修行と同様に悟りが得られるとしていることである。自己に執着せず、全体のために福利を増すことは、まさに無我・空――縁起に生きることである。自己の行為が全体を支えることを意識し、自己執着を捨てて他者に誠実を尽くすことこそが正三の言う「正直の道」なのである。そして、日常を「正直の道」の実践として生きる者にとっては、仏道の究極目標である「悟り」ですら、位置付けが変わる。正三は、仏道修行においては必ずしも悟りを目指す必要はなく、修行そのものが目的であるという。修行とは、今、ここで、「心をつよう用」いて自らのなすべきことをして、役に立つようになるということであり、そのような修行は必ずしも宗教的なものである必要はなく、世俗の職業生活も十分、修行となり得ると言うのである。そうであるならば、修行は、必ずしも宗教的なものには限らない。つまり、正三においては、悟りを棚上げにすることによって修一元論とでもいうべきものが成立し、修一元論によって、世法と仏法とをすべて包摂しようとしているのである。

（3）盤　珪

生　涯

江戸時代前期を代表する禅僧であり、鈴木大拙によって「日本が生んだ禅匠中の最も偉大なる一人」とされた盤《ばん》珪永琢《けいようたく》（一六二二～一六九三）は、儒医菅原道節の三男として播磨国揖西郡網干《あぼし》郷浜田村（兵庫県姫路市網干区浜田）に生まれた。一一歳の時に父に死別し、一六歳で赤穂の随鷗寺（臨済宗妙心寺派）の雲甫元祥《うんぽげんしょう》につき得度し、永琢という法名を与えられた。出家の動機として、少年の頃儒学を学んでいて『大学』の一節「大学の道は明徳を明らかにするにあり。」という文章を読んで疑問を起こしたところ、ある儒者から禅を学ぶことを勧められたことによると自身書き残している。天より与えられたすでに明らかな徳をさらに明らかにする、つまり、本来身に備わる徳を自ら顕在化させるというのは、まさに、禅をも含めて修行実践の根本的構造である。修行の構造を一言で言い取った「明明徳」という言葉にまだ年若くして反応したというところに、盤珪の並々ならぬ禅僧としての資質が顕われていると言えよう。

出家した盤珪は雲甫の指導下で坐禅修行に励むが、なかなか納得の行く成果は得られず、各地で様々な苦行を続け、さらに庵に籠もって激しい修行をするうちに心身ともに病んでしまった。病気は重くなり、一時は死を覚悟する程に悪化するが、瀕死の盤珪はある時、ふと「一切が不生で調《ととの》う」と気付く。これが盤珪の開悟成道である。この時のことについて『御示聞書』では次のように書いている。

原文

それから病気がだんだん次第におもつて、身が弱りまして、後には痰をはきますれば、親指のかしらほどなる血の痰が固まって、ころりころりとまん丸になりて出ましたが、ある時痰を壁にはきかけて見ましたれば、ころりころりとこけて落ちるほどに、ござったわいの。この時庵居で養生せよとみな申すによって、庵居しまして、僕一人使うて、煩《わずら》い居ましたが、さんざん病気が指つまりて、ひつしりと七日ほども、食物が留まり、おもゆより外は通りませいで、それゆえもはや死ぬる覚悟をして、思いましたは、はれやれ是非もなき事じゃが、別して残り多い事も外にはなけれども、ただ平生の願望が成就せずして、死ぬる事かなとばかり思いおりました。おりふしにひょっと一切事は、不生でととのうものを、今まで得しらいで、さてさてむだ骨を折った事かなと思いいたって、ようようと従前の、非を知ってござるわいの。又それから、気色がはっきりとして、喜ばしうなりて、食きげん（食欲）が出来、僕をよびまして、かゆをくらうほどにこしらえよと申したれば、今まで死にかかっていた人の、不思議な事をいわるると、僕も思いながら、よろこびまして、そのままいそぎふためいて、かゆをこしらえ、少しなりとも早く食しようと思い、まず、かゆを食わせましたが、まだろくにも煮えませぬ、ぼちつく（生煮えの）かゆを食わせましたが、かまわず二三椀食べてござれども、あたりもいたさず。それより段々快気いたし、今日までながらえまする事でござるわいの。

ここで、盤珪は聴衆に自分の悟りの体験について語っている。口語でユーモラスに語られてはいるが、この時、盤珪は死と隣り合わせであった。まさに命がけの修行である。同じ体験について、弟子が書き残した伝記『行業曲記《ぎょうごうきょくき》』には、病重篤のある日、ふと梅の香りをかいで開悟成道し、病も癒えたと記されている。禅宗は、伝統的に、修行をどんなにしても悟れず苦しんでいた僧が、あるたわいもない切っ掛けによって開悟成道するというエピソードを多く伝えるが、盤珪の場合もそうであった。ある一つの枠組みに無意識に囚われてしまい身動きできなくなっている状態が、全く関係のないものによって打破され、すべての枠組みを取り払った世界との出会いがもたらされるのである。そして、盤珪が言う「不生の仏心」とは、まさに、この出会いにおいて自覚されたものである。それは、すべての人為による意味づけを取り払った人間の心であり、教えずとも善を行わせる行動の原理でもあったのだ。その後、盤珪は自己の境地を師である雲甫和尚に示し、印可（悟りを得たことの確認）を受け、当時、中国から長崎の崇福寺《そうふくじ》に来ていた道者超元《どうじゃちょうげん》（?～一六六〇）からも印可を得た。晩年に盤珪は道者に関して、「今から見ると道者も十分ではなかった。今生きていたら教え導いてやれたのに。」と述べている。ここから、禅の本場からきた高僧にすら一歩も引かずに、自らの悟った真理を主張する、晩年の盤珪の強い自負が見て取れる。当時に限らず、日本の禅僧たちは、中国に渡り禅を学ぶことを念願していたし、それが叶わないのならば中国から来て本場の禅を伝えてくれる中国人僧侶から教えを受けることを熱望していた。その中にあって、盤珪は、自己の体験から得たものを重んじ、それ以外の権威を何一つ認めなかったのである。

盤珪は、各地で修行をし、また、道俗に請われて布教を行った。肥前平戸の藩主松浦鎮信《しげのぶ》、伊予大洲《おおず》の藩主加藤泰興《やすおき》、讃岐丸亀の藩主京極高豊《きょうごくたかとよ》ら諸大名からも尊崇を受け、一六七二年には京都妙心寺の住持となるなど、その名声は全国に伝わり、多くの信者がその説法を聞きに参集した。出家の門人四百余人、弟子の礼をとった者は五万余人、修補した寺院は約六〇ヶ所と言う。晩年に至るまで盛んな活動を続け、一六九三年、世寿七二歳にて龍門寺で入滅した。

思　想

不生の仏心

江戸期には、幕藩体制の下、相対的に安定した社会を背景として民衆布教が仏教各派において盛んになった。多くの民衆が説法の場に集まってきたが、彼らに対しては、家業に精を出すことや、封建的身分秩序に従うこと、親に対して孝行をすることなどが仏教の教義と関係付けるかたちで説かれた。つまり、近世における仏教者の民衆に対する説法は、世俗道徳を補強する機能を果たしていたと言えよう。中でも、盤珪の説法は大名から商店の小僧に至るまで広く人々の心を捉え、彼の説法を聴聞するために遠方よりはるばる集まった僧俗の数は時には数万にも達するほどであったと言われている。

彼の説法の中心的テーマは「不生の仏心」である。これについて彼は、「其親の産みつけてたもつた仏心は、不生にして霊明なものにきわまりました。」と繰り返し説く。つまり、人間は誰しも、生まれつき仏心を持っているというのである。それが不生で、生じたのではないと言われるのは、意図的に作り出したものではなく、本来的に備わっているということである。そして、仏心が本来的に備わっている証拠として、盤珪は、「皆こちら向ひて、身どもがこう云ふを聞ござるうちに、後で啼く鳥の声、雀の啼く声、風の吹く声、それぞれの声を聞かうと思ふ念を生ぜずに居るに、鳥の声、雀の声、風の吹く声、それぞれの声が通じ分かれて、聞たがわず聞ゆるは、不生で聞くと云ふものでござるわい。其のごとく、一切の事が不生で調いますわい。」と言い、不生の仏心の証拠を、何かを聞こうと意図しないでも自然に音が聞き分けられるという事実に見出す。つまり、人間の心には本来的に、正しく物事を弁別する働きが宿っており、それを自覚し、機能させることが重要であると盤珪は主張する。人間の心に本来宿る仏心とは、伝統的な仏教用語で言えば、仏性（衆生が本来備えている仏の本質）と重なろう。

さらに、盤珪は、生得的に備えている仏心さえ発揮することができれば、すべてのことが首尾よくはこび（「一切のことが不生で調いますわい。」）、たとえば、武士としての奉公なども順調に運ぶと言い、とりわけ、日常生活における様々な人間関係がうまくいくということを強調する。不生の仏心に目覚めるとは、自らの中にある、善性に目覚め、「活仏《いきぼとけ》」と成ることである。それによって、周囲と調和的関係が達成され、世俗道徳も全うされるのである。しかるに、人が生得的に持っている善なる仏心を曇らせ、衆生が地獄や修羅道、餓鬼道などの悪道を輪廻転生せざるを得ないのは、人間が成長していく過程で、我欲（「身の贔屓」）をつのらせ、不生の仏心を覆ってしまうからであると盤珪は言う。それ故、自らの中にある不生の仏心を自覚することが求められるのである。

人倫と修行

次に問題となってくるのは、不生の仏心を自覚するためにはどうしたらよいのかということである。盤珪は、自分自身は、死に瀕するほどの過酷な修行をしたことで有名であるにもかかわらず、一般の聴聞者に対しては、不生についての説法を聴聞するだけで十分で、不生を自覚するには、公案を参究したり、疑団を起こしたり、坐禅したりというような修行は不要であると言い切っている。たとえば、盤珪は、『御示聞書』において次のように言う。

原文

只今皆の衆はいかい仕合な事でござる。身どもらが若い時分には、明知識（よい先達）がござらんなんだか、ござつたれども不縁で御目にかゝらなんだか、殊《こと》に若い時からして身《み》どもは鈍にござつて、人の知ぬ苦労をしましての。いかいむだ骨を折りましたわいの。其のむだ骨折た事が忘れられず、身にしみましてござる故、こりはてた程に、それを思て、皆の衆骨折らしませず畳の上で楽に法成就させましたさに、精だして此やうに毎日で、、催促します事でござるはいの。皆の衆は仕合せなことじゃとをもわつしやれ。

ここで盤珪は、不生の仏心を自覚するために、自分自身は苦労して坐禅修行に励んだのであるが、それは無駄骨で本来はしなくてもよい苦労であった、という。盤珪の説法を聞きに来た聴衆は、苦労して修行しなくても、畳の上で盤珪の説教を聴聞するだけで不生の仏心を自覚することができ幸せなことだと盤珪は繰り返す。不生の仏心を顕現するためには、坐禅修行は決して必須のものでなく、むしろ、日常の一つ一つの行為に不生の仏心を現わすべきであるというのである。

このような盤珪の俗人に対する説法を見ていく時、彼の不生禅の行き着くところは、修行不要論であり、さらには教団における出家や修行を無意味のものと捉え、ただ人々が日常生活に徹することを説く日常主義であるように見える。確かに彼の言う仏心の自覚は、先覚者の説法を聴聞することによって得られるのであるから、仏心を自覚するためには、出家するにも修行するにも及ばないように受け取れる。しかし、盤珪の主張はこれで尽きてしまうのではない。盤珪は、自らが主宰する教団において出家した弟子たちに対しては、全く対照的な態度を示し、厳しい坐禅修行を課している。従来、盤珪の仏教者としての評価は、不生禅を平明な言葉で説き、伝統的な公案禅を否定し、さらに俗人が俗人として日常生活を送ることのうちに仏法の成就を認めたという点に注目したものであった。これらの諸点は、盤珪禅の近世的性格を示すものと考えられる。先述したように、近世の仏教者の共通の特徴として、現世の生業の重視、封建的秩序への随順の強調等が挙げられる。たとえば鈴木正三はその典型的な例であるが、江戸時代に庶民教学として大いに栄えた心学を鼓吹した手島堵庵《てじまとあん》に影響を与えたと言われる盤珪もまた、現世の生活を意味付けた点において近世的性格を示している。

しかし、このような面はあくまでも盤珪の一面であって、もう一面においては、盤珪は、人倫を絶した山奥の庵に籠もり、詩偈を作り坐禅修行をした。この面は見落とされがちであるが、盤珪の思想の全体構造を考えるためには看過できない側面である。盤珪にあっては、人倫を絶した場での修行は、自らが人倫世界（俗世）に仏として現われ、仏として説法をするために是非必要なものであった。仏教では、修行を通じて真理に目覚めること、すなわち、悟ることは、仏（覚者）となることであった。さらに、真理の体得者としての仏は、自らの得た真理を、無知なるが故に苦しむ衆生に対して説かなければならなかった。つまり、説法者としての盤珪は俗人たちに対しては仏として臨んでいたのである。それに対して、俗人は真理を説く者という意味で仏になることは期待されていない。先述したように、盤珪が俗人に対して説いた「活仏」とは、不生を自覚して現世の日常を生きる者に他ならなかった。盤珪は、俗人に対しては、仏教を信じることは、無常なる現世を捨て出家することに帰結しないと説く。この時衆生は、自ら真理を説く存在になることは求められず、一方的に真理を授けられ、その真理に基づいて俗世の日常を生きることを期待されるに留まる。俗人は、仏としての盤珪の説法を聞くという非日常的な営みを通じて、俗世の日常を生きることの意義を確認するのである。

中世にあっては、聴聞者たちは説法に接することで最終的には出家し仏門に入ることが期待されていた。実際には諸般の事情で出家することが不可能な場合がほとんどであったろうが、理念としては、世俗世界は、仏教世界つまり超越的な神聖な世界という意味での他界の下位にあり、他界が世俗世界を包み込むような構造であった。それに対して、近世にあっては、世俗世界が他界すなわち仏教世界から自立し、固有の領域を形作っている。それ故に、世俗世界の人々は他界に接しつつもその世界に入り込むことはなく、出家者と非出家者の領域は住み分けられることになるのである。

（4）白隠

生涯

臨済宗中興の祖とされる白隠慧鶴《はくいんえかく》（一六八五～一七六八）は、駿河国駿東郡原（静岡県沼津市原）の長沢家の婿養子となった杉山氏の子として生まれた。一五歳の時、松蔭寺で叔父単嶺祖伝について出家した。出家の機縁として堕地獄への恐怖があったと伝えられている。一七歳の時に叔父単嶺をなくして以後、白隠は、各地で修行を続け、二四歳の時、越後（新潟県）高田の英巌寺で坐禅をしていた際、遠寺の鐘声を聞いて見性成仏《けんしょうじょうぶつ》した。しかし、自己の悟りを誇る慢心を生じ、信州飯山《いいやま》（長野県飯山）の正受老人《しょうじゅ》（道鏡慧瑞《どうきょうえたん》）より厳しく指導を受ける。正受老人は、趙州無字《じょうしゅうむじ》（犬に仏性があるかと問われて、趙州が「無」と答えたという公案）をはじめいくつかの重要な公案を示し、白隠は熱心に取り組んだが、一則たりとも透過することはできなかった。ところが、ある日、白隠は城下で托鉢《たくはつ》中、老婆から竹箒で打たれ徹底大悟し、課されたすべての公案を透過した。その後も各地で悟後の修行を続け、修行の度が過ぎて身心を損なうが、京都白川の白幽真人より授けられた内観の法（静かに横たわり身の元気を臍輪《さいりん》、丹田《たんでん》等に集め気力を充実させ腹式呼吸を行う養生法）や軟酥《なんそ》の法（クリーム状の仙薬が頭上から足の裏まで溶け流れ体に暖かく滲みわたるのを思い描くイメージ療法）によって克服する。後に白隠は、この経験を『夜船閑話《やせんかんな》』に書き著し、修禅者にこれらの方法を勧めた。

三二歳の時帰郷して松蔭寺に入り、翌々年には京都妙心寺の首座《しゅそ》となるが、名利を好まず松蔭寺を本拠とした。四二歳の時、『法華経』を読んでいてコオロギの声を聞き大自在の悟りを得たという。この体験が白隠の禅者としての一生の折り返し点となる。前半生は大悟徹底を目指して厳しい修行にあけくれ（因行格）、後半生は、自ら得た

「さとり」に基づき、利他行としての布教に励み各地で提唱や講経を行い多くの弟子を鍛え上げたのである（果行格）。晩年まで精力的に学人の指導と布教に励み、世寿八四歳で示寂した。現在の臨済宗は、すべて白隠の系譜を継ぐものである。

思　想

隻手の音声と「一心」

さて、白隠の思想に関連して特に注目されるのは、「隻手《せきしゅ》の音声《おんじょう》」（片手の音）という公案を考案し、これを起点として「法身、機関、言詮、難透、向上」からなる公案体系を創出したことである。公案とは、禅宗の師家が修行者に示して悟りを得る手掛かりとさせる言葉で、古の優れた禅者の言葉や行動からとられた。多くの場合、パラドキシカルな命題であり、修行者は坐禅をしながらその問題を参究し、その過程で通常の思慮分別が挫折し通用しなくなる大疑団に達し、さらにそれを突破することによって、空を体感する絶対の境地に達することが可能になるとされる。

「隻手の音声」とは、両手を打ち合わせれば音が出るが、片手（隻手）にどのような音があるかという公案である。白隠は、坐禅の初学者に対して、それまで一般的であった「趙州無字」の公案に加えて、「隻手の音声」を「法身」の公案の第一として課し、「隻手声あり、その声を聞け。」と迫った。この言葉を参究する修行者は、聞けるはずのない「隻手の声」を聞こうとして追いつめられる。そして、追いつめられた極まりにおいて従来の思慮分別が全く働かなくなる。物事を分節化しそれを固定した上に成り立つ思慮分別は、世俗世界においては必要不可欠なものであるとは言え、仏道修行においては、物事を差別相において捉え執着する煩悩の元である。だから思慮分別が働かなくなれば、煩悩もなくなり、世界は平等相において立ち現われてくる。そうなった時、忽然としてそれまでの迷いが消え、絶対の境地が開けてくる。迷苦の闇が打ち破られ、本来の自己が目覚め、仏の境地が体得されるのである。そして、この境地について白隠は、「隻手の声が聞こえれば、仏声、神声、菩薩声、声聞声、縁覚声、餓鬼声、修羅声、畜生声、地獄声をはじめ世の中のありとあらゆる声が聞こえる。」と『藪柑子』の中で述べている。ここで言う「隻手の音声」とは通常の感覚を離れたものであり、音としては認知できないものであるが、しかし、それがあえて「音声」とされているのは、それこそが、五感として分節される以前の、通常の五感を超越しつつも、それらの根底にある五感の源だからであろう。このようなリアリティを、白隠は、一心とも仏性とも本来の面目とも様々な言い方で表現する。禅者でありつつも、法華題目や念仏についても深い理解を示した白隠は、この一心を、題目による法華三昧、真言宗の阿字本不生、念仏による往生の境地であるとする。一心とは、白隠にとっては、自己と世界との本源としての「空―縁起」なる場であり、人が煩悩故に見失ったその場を、坐禅であれ、念仏であれ、唱題であれ、修行を通じて見出すことが仏道の要諦なのだ。

不断坐禅

そして、白隠は、このような一心を、坐禅瞑想のみに限らず、世俗における職業生活においても、悟り働かせていかなければならないと力説する。たとえば『遠羅天釜《おらてがま》』巻上に次のような一節がある。

原文

是の故に祖師大慈善行在つて、此の正念工夫《しょうねんくふう》不断坐禅の正路を指す。諸侯は朝観《ちょうごん》国務の上、士人は射御書数の上、農夫は耕耘犂鋤の上、女子は紡績機織の上、若し是れ正念工夫在つて、直に是れ諸聖の大禅定。この故に経に曰く、「資生《ししょう》産業、みな実相と相い違背せず」と。

現代語訳

それ故に、禅の祖師は大いなる慈悲をもってこの「正念工夫不断坐禅」の正路を示した。諸侯は参内して国務を行う時、武士は矢を射たり馬に乗ったり学問をしたりする時、農夫はすきやくわで耕す時、女性は紡績や機織の時、自己の心を正しく集中するようにするならば、それは直ちに聖人の禅定となる。この故に経（天台智顗『法華玄義』）では次のように言っている。「様々な生計をたてる世俗の行いは、みな真理の現われに反しはしない。」と。

白隠は、鈴木正三と同様に、積極的に世俗の職業生活に励み、その中で正念工夫を行い一心を顕現する生き方を俗人に宣揚したのである。

（5）良寛

生涯と詩

良寛（一七五八～一八三一）は、江戸後期の曹洞宗の僧で、詩歌や書をよくしたことで知られている。俗名は山本栄蔵、大愚と号する。越後国出雲崎（新潟県三島郡出雲崎町）で代々名主兼神主をつとめる旧家、山本家の長男として生まれた、元服後は名主見習役に就くが、一八歳の時、突然、出奔し、出家してしまう。「昼行燈《ひるあんどん》」とあだ名されるほど俗事に疎く、読書を好む感受性の鋭敏な少年であったと伝えられる良寛には、傾きかけた実家の家職を継いで世間と交わることは苦痛以外の何ものでもなく、また、内面的探求への志が抑えられず、突然の出家ということになったものと思われる。出家後数年は、故郷で修行をしていたが、二二歳の頃から、当時高僧として知られていた大忍国仙禅師に従い備中玉島円通寺（曹洞宗）で一〇年以上修行をする。後年の詩に「憶《おも》い得たり　林寺において清衆裁《わず》かに十指　作務その力を致し（中略）僧堂九十日　蕭灑《しょうさい》ただ晷《ひあし》を惜しむ」（今もよく覚えている。円通寺にいたころ、仲間の僧は一〇人しかいなかったが、修行の作務に精を出し（中略）僧堂に九〇日間籠もって時間を惜しんで清らかに修行した。）

とあり、その修行生活振りが窺える。三三歳の時、大悟成道し、国仙和尚より、拄杖《しゅじょう》（禅僧が行脚や説法の時に使用する杖）と、次のような印可（弟子が悟ったことの証明）の詩偈を与えられる。

原文

良や　愚の如く道うたた寛《ひろ》し　騰々《とうとう》任運誰か看《み》るを得ん　為に付す山形《さんぎょう》爛藤の杖　到る処の壁間午睡閑《のどか》なり。

現代語訳

自分の弟子である良寛は、思慮分別に囚われないこと愚のごとくであり、その体得した道はいよいよ広く豊かなものである。作為を加えず法爾自然に任せた境地を、一体誰が窺い知ろうか。君に山から切り出してきたばかりの杖をあげよう。行脚先の壁に立て掛けて昼寝でもするとよかろう。

印可の証明の杖は、修行や布教の際に使うものであり、師匠が良寛に対してなお一層仏道に励むようにという期待を込めて贈ったものである。さらにこの拄杖は、単なる道具ではなく、悟りの象徴、「本来の自己」の象徴とも考えられる。拄杖を与えられるとは、良寛自身が自らの本来の自己を明らかにしたということを師匠が認めたということであり、さらに、その象徴としての拄杖を壁に立てかけて昼寝でもしろと言っているのは、自ら得た悟りにも執着せず、作為を排したおのずからなる自由自在の境地（「任運」）に居よということであった。その後の良寛の生き方は、まさにこの言葉通りのものとなった。

その後、良寛は、「悟後の修行」の一環として、諸国行脚の旅に出る。旅の途中糸魚川で病んだ時のことを歌った、次のような詩からは、その頃の良寛の生活が窺える。

原文

一衣一鉢わずかに身に随う　強いて病の身を扶け坐して香を焼《た》く　一夜蕭蕭《しょうしょう》たり幽窓の雨　惹き得たり十年逆旅の情

現代語訳

わずかに一枚の僧衣と托鉢用の一個の鉢だけしか持たない旅に病んで、何とか身を起こして（仏を拝するために）香を焚く。終夜、薄暗い静かな部屋の中で蕭蕭たる雨音を聞いていると、この一〇年あまりの行脚の旅の思いが蘇ってくる。

良寛の旅は、着の身着のままで托鉢用の鉢のみ携えた乞食《こつじき》行の旅であり、宿がなければ野宿もし、人々の施すわずかな食物で命をつなぎ、村から村へ、町から町へと転々とする漂泊の旅であった。このような旅を続けることは、あらゆる執着を離れることを理想とする修行であったが、同時に、その旅の中で、良寛は、あらゆる俗事から離れ、孤独の中で生来の詩魂を研ぎ澄ましていった。病んで、粗末な旅の宿で一晩中雨音を聞く良寛の胸にせまってきたのは、一言では言えぬ思いであっただろう。人生のはかなさや、故郷を離れ一人さすらうわびしさはもちろん実感されていただろうが、その反面、自らの心の真に欲するところを求めてここまで生きてきたという思いも、また、仏道の真理へのやみ難い希求もあったであろう。それら万感の思いが、良寛の詩となり歌となったのである。

さて、良寛は、一七九七年、四〇歳の時に、故郷に帰り国上山《くがみやま》の五合庵に住することになった。五合庵は、机や鍋など最低限の生活用具と、『寒山詩』『荘子』『万葉集』などわずかな書物のみ備えた、板張りにむしろを敷いただけの至極簡素な草庵であった。そこで良寛は、修行をし、詩歌を作り、また、良寛の人柄に引かれてやってきた人々――裕福な詩友から農夫まで――と分け隔てなく交流した。五合庵で作った詩に次のようなものがある。

原文

生涯身を立つるに懶《ものう》く　騰々天真に任す　嚢中《のうちゅう》三升の米　炉辺一束の薪　誰か問はん迷悟の跡　何ぞ知らん　名利の塵　夜雨草庵の裡　双脚等閒《なおざり》に伸ばす。

現代語訳

これまでの人生、世俗に交わって身を立てるということなど気が進まず、何も取り繕わず偽らず、本来あるべきありように、悠々と身を任せてきた。そうしていても、托鉢用の袋の中には布施された米が三升入っているし、炉の傍には薪が一束ある。生きていくにはこれ以上何が必要だというのか。悟りだの迷いだのとの拘ることはもうないし、ましてや、名誉だの利益だの世間の煩悩は私の知ったことではない。終夜雨の降る草庵の中で、私は両方の足をのんびりと伸ばしているのだ。

この詩からは、簡素な草庵の生活の中で、良寛が世俗の生活も含めてあらゆる作為から解放され自由な生活を送っている様が浮かびあがってくる。それは、すでに禅の悟りを求めることすらも執着として断じるような「無一物」の境地であると言える。この何物にも囚われない草庵の心境について、良寛は次のような詩を作っている。

原　文

襤褸《らんる》また襤褸　襤褸これ生涯　食はわずかに路辺に取り　家は実に蒿萊《こうらい》に委ぬ　月を看て終夜嘯《うそぶ》き　花に迷うてここに帰らず　ひとたび保社《ほしゃ》を出でてより　錯《あやま》ってこの駑駘《どたい》となる。

現代語訳

衣は破れに破れ、破れた衣こそが私の人生に相応しい。托鉢によって何とか少しばかりの食を手にいれ、庵は荒れて雑草が生えている。月が美しければ一晩詩を口ずさみ、花が美しければ花を追って道に迷って帰らない。ひとたび僧堂を出て以来、自分は誤りを重ねてこのような愚か者になってしまった。

この詩から、良寛は粗末な衣食住の中でも、月や花を愛でる心を失わなかったことが見て取れる。もとより良寛が目指したものは、何者にも囚われない自由自在な心境であった。俗世のすべての執着を絶った時に、良寛に見えてきたのは、月であり花であった。それらはまさに真理の象徴であり、良寛はそれらを常に求め、詩歌というかたちで表現したのである。そして、漢詩の最後にあるように、良寛は国仙和尚の僧堂を出て以来、自分の人生は、寺の住持となったり、弟子を教育したり、布教をしたりといういわゆる禅僧の行持から外れた規格外のものであり、それは愚か者（駑駘＝駄馬）と言うしかないと歌う。ここで言う「愚」とは、寺も弟子も持たず、粗末な庵に住んで、何を目標にということもなく、心任せに生きているという、世間的常識から見ても、禅僧の一般的なあり方からしても、何らの有用性を見出せないあり方である。しかし、良寛は、この「愚かさ」に徹しようとする。それは、まさに、師国仙禅師が印可の詩で歌った「愚」である。小賢しい知恵を離れ、無用に徹することによって初めて、執着と分別とを断ち切った澄みきった境地に到達できると良寛は考えていたのである。

五合庵での良寛の生活は、晴れれば托鉢に出かけ、雨や雪が降れば庵に留まって坐禅をしたり書を読んだり、詩歌を作ったり、客と語らったりというものであった。そのような明け暮れの中で良寛の心をとりわけ慰めたのは、村の子供たちとの交流であった。「この里に　手まりつきつつ　子供らと　遊ぶ春日は　暮れずともよし」（この里で子供たちと一日中まりつきをして遊んでいる。こんな楽しい春の日は暮れないでほしい）という有名な歌は、まさにその交流の中で生まれたものである。子供らとの交流を歌った詩の中に次のようなものがある。

原文

青陽二月の初　物色ようやく新鮮なり　このとき鉢盂《はつう》を持し　得々として市鄽《してん》に遊ぶ　児童たちまち我を見欣然として相将《ひ》いて来る（中略）ここに百草を闘わせ　ここに毬児《きゅうじ》を打つ　我打てばかれしばらく歌い　我歌えばかれこれを打つ　打ち去りまた打ち来《きた》って　時節の移るを知らず　行人我を顧みて笑う　何によってか其《そ》れかくのごとき　低頭してかれに応えず　言い得るともまたいかんせん　箇中の意を知らんと要せば　元来ただこれこれ

現代語訳

光輝く春、その二月のはじめ、風物景色は次第に生彩を増してくる。この時私は乞食行用の鉢を携えて意気揚々と街に出て歩き回る。子供たちはたちまちに私を見つけて、嬉々として連れ立ってやってくる。（中略）子供たちと私は草相撲をし、また、毬つきをする。私が毬をつけば子供たちが歌い、私が歌えば子供たちが毬をつく。毬つきをしているうちに時間の経つのも忘れてしまう。道行く人が私を振り返って笑い、「どうしてそんなことをしているのか。」と問いかける。私はうつむいて何も答えない。もし、答えられたとしてもそれがどうだというのか。私のこの心の中を知りたいとしたって、それはただ無心で、ここにこうしているということに尽きているのだから。

この詩が語っているように、子供たちは良寛を慕って毬つきに誘い、終日遊んだ。子供たちと遊ぶ良寛は、まさに無心、何の屈託もなく毬をつき歌った。それを見て大人は何でそのようなことをしているのかと問うたが、良寛は到底理解されないことだとして何も答えなかった。大人の世界は、有用性つまり意味の世界である。そこでは、すべての行動は何らかの目的のためのものである。しかし、良寛の遊びは、それ自身、何のためでもない。むしろ、何かのための手段ではないことによって、それ自身で充実した完結したものとなっている。意図的に無用者、愚か者であろうとした良寛の世界は、無意味であるが故に充実したものであったのだ。

さて、このような日々を国上山五合庵で約二〇年送って五九歳の頃、良寛は、五合庵を下って山麓の乙子《おとご》神社境内の草庵に移ることになった。老いて五合庵までの坂道が苦しくなったためである。その庵で一〇年ほど過ごした後、さらに自炊も難しくなってきたので、六九歳の頃、国上と出雲崎の中間に位置する島崎村の能登屋木村元右衛門の邸内の庵に移り、七四歳で亡くなるまでを過ごした。この最晩年の良寛を語る上で見逃すことのできないのは、仏道の弟子、貞心尼との出会いである。初めて会った時、良寛は七〇歳、貞心尼は二九歳であった。年齢も立場も違っていたが、二人の間には相通うものがあり、心の籠もった歌のやりとりが良寛の死の床まで続いた。貞心尼は、越後長岡藩士の娘であったが、夫と死別し（生別説もある）、出家剃髪し、当時は古志郡福島の閻魔《えんま》堂に住していた。二人は時々会って語らい、歌をやりとりした。二人の関係について、近代の文学者たちは神聖な「プラトニッククラブ」というような見方もしているが、むしろ、同じく仏の道を歩む師と弟子とが、日本の伝統的な相聞歌の伝統を踏まえて歌を詠み交わして、コミュニケーションそれ自体を楽しんでいるのであり、それは言葉の真の意味での「遊戯《ゆげ》」と言えるだろう。良寛にとっては、子供たちと手毬をつくことも、貞心尼と歌を詠み交わすことも、何かの別の目的のための手段となる、何かの役に立つ行為ではなくて、有用性や意味を離れて、その行為自身で満ち足り喜びをもたらすという意味で、「あそび」であったのだ。

良寛自身は、生涯、著作を公刊することはなかったが、貞心尼は、良寛の死後、その作品を集め公刊し、伝記をまとめている。二人の贈答歌もふくめて貞心尼が編集した『蓮《はちす》の露』から何首か引用しておこう。まず、最初の歌は、貞心尼が初めて良寛の庵を訪れた折の歌である。良寛が不在であったため、貞心尼は良寛のために携えてきた手毬と歌とを残しておいた。

原　文　これぞこの　ほとけの道に　遊びつつ　つくやつきせぬ　みのりなるらむ

現代語訳　手毬をついて遊んでいらっしゃるそうですが、そうやって無心に手毬をつくことが尽きることのない仏の道を体現することなのですね。私も手毬を持って参りました。どうぞ一緒につかせてください。そしてともに仏の道を歩ませてください。

それに対する良寛の返歌は次のようなものであった。

原　文　つきて見よ　ひふみよいむな　やここのとを　とをとおさめて　またはじまるを

現代語訳　それでは手毬をついてごらんなさい。一つ、二つ、三つ、四つ、五つ、六つ、七つ、八つ、九つ、十、十までいったらまた始めに戻ります。一つ、二つ、三つ、……。このように無限に繰り返すのです。

この、尽きせず無限に繰り返す毬つきとは、仏道修行に通じているだろう。良寛と貞心尼が属している曹洞宗の開祖である道元の修証一等という言葉に明らかなように、「さとり」(証)とは決して修行の目的ではなくて、修行することがそのままに「さとり」を顕すことである。とすれば、修行は無窮であり、悟りも無窮である。その無窮性が、ここでは無限に続く手毬つきとして表わされている。すべての思惑や分別を超えて、無心につく手毬は、良寛にあっては、「さとり」の世界へと通じるものであったのだ。そして、二人はようやく対面がかなう。その折の貞心尼の歌は次の通りである。

原文　君にかく　あい見ることの　うれしさも　まださめやらぬ　夢かとぞおもふ

現代語訳　貴方様にお目にかかれてたいへんにうれしく思います。まるで夢を見ているようです。

それに対する良寛の歌は次の通りである。

原文　ゆめの世に　かつまどろみて　夢をまた　かたるも夢よ　それがまにまに

現代語訳　この世は夢幻のようなものであり、その中でまどろんで夢を見て、その夢について語ることもまた夢なのです。すべて夢なのですから、私たちの間柄も夢のようなものとして成り行きにまかせていきましょう。

良寛の貞心尼に対する態度は、他の親しい人々に対する態度と基本的に異なってはいない。はかない夢のようなこの世の中で、夢のようにはかない関係を結んでいるという基本的な認識の上に、結ばれた関係に執着せず、しかし、仏道なり詩なり歌なり、超越的な次元を導入することによって、相手との関わりを普通の世の中の一般的な間柄とは違うものに深めていこうとするのである。次の貞心尼の歌は、良寛の導きによって自ら得るところがあったことを詠んだものである。

原文　君なくば　ちたびももたび　数ふとも　十づつとをを　ももとしらじな

現代語訳　師匠であるあなた様がおいでなかったら、千回、百回と数えても、十ずつ十回が百とは分からなかったでしょう。あなた様のおかげでようやく迷いが晴れました。

良寛の返歌は次の通りである。

原文　いざさらば　われもやみなむ　ここのまり　十づつとをを　ももとしりなば

現代語訳　それでは、私もこれ以上言うのは止めておきましょう。九つの次が十で、それが十回で百ということが分かったのですから。

ここで十、百、千という数が出てきているのは、貞心尼が入門にあたってよんだ手毬の歌を踏まえていよう。良寛は、修行を毬つきに喩え、それが遊戯の行であることを示したのであるが、貞心尼もある時にそのことを実感したのであろう。「十が十回で百」とは、あたり前の真実である。手毬つきのように、無心で行えばすべての行為が真実であり、ごくあたり前の行いに真理が顕れるということをこの歌は詠んでいるのである。

以上挙げたような仏道の世界観が前面に出ている歌も多いのであるが、会いたいという思いや会えたうれしさをテーマとした歌も多い。たとえば、良寛の「秋萩の　花さくころは　来て見ませ　命またくば　共にかざさむ」（秋萩が咲く頃また来てください。それまで寿命があったら一緒に秋萩を挿頭《かざし》にして楽しみましょう）に対して、貞心尼は、「秋萩の　花咲くころを　待ちとほみ　夏草わけて　またも来にけり」（秋萩の咲く頃が待ち切れず、夏草が茂っている道をかき分けてまたやって参りました）と唱和している。このように細やかな二人の交友も長くは続かなかった。七四歳の冬、良寛は死の床につき、二人の一連の相聞は、次のようなやりとりをもって終わる。まず、貞心尼の歌である。

原文　生き死にの　界《さかい》はなれて　住む身にも　さらぬ別れの　あるぞ悲しき

現代語訳　あなた様と私は、仏弟子として生死の世界を超越して生きている身ですのに、まさに生死に直面した死別の時を迎えて、悲しくてたまりません。

それに対して、良寛は自作ではないが、自分の心をよく表わすものとして、「うらを見せ　おもてを見せて　散るもみじ」（もみじが裏を見せたり、表を見せたりして散っていくように、生も死も裏表のもの、一つのものなのです。）という発句を口にした。そして、貞心尼が「くるに似て　かへるに似たり　おきつ波」（〈あなた様は、もみじが裏を見せ表を見せて散っていくとおっしゃいましたが、〉波が寄せては返すのと同じですね。寄せる波〔生〕も返す波〔死〕も同じ波なのですね）と和歌の上の句を申し上げると、良寛は、「あきらかりける　君がことのは」（まさにその通りです。）と下の句を唱和したのである。

そして、明けて天保二年（一八三一）の正月六日に良寛は遷化《せんげ》する。臨終のあり様について、「良寛禅師碑銘並序」には、遺偈を乞われて「阿」（悟りを端的に表現する言葉）と一声挙げて、「端然として坐化」（きちんと坐禅をしたまま亡くなる）とあり、貞心尼の「浄業余事」には、「ねむるがごとく坐化」とある。どちらにしても、生涯道を求め続けた禅僧として良寛は入滅したのである。

あとがき

「日本のルソー」として知られる、自由民権の思想家中江兆民（一八四七～一九〇一）は、「我日本古《いにしえ》より今に至る迄哲学無し。」（『一年有半』）と言い、「我邦人は利害に明にして理義に暗らし。事に従うことを好みて考うることを好まず。」と言ったことで知られている。しかし、その兆民が、釈迦を「（主観説と客観説を調和させて）真乗門を打出した」「博学の哲学者」（『続一年有半』）であると評価していることは意外と知られていない。兆民は、『続一年有半』において、世界は無始無終、不生不滅であり、人間には不滅の霊魂などないとする「ナカエニスム」を提唱するが、そのしばしば唯物論的と評される世界観は、仏教のそれから大きな影響を受けている。

また、兆民は、「吾等は仏教の包含広大にして、凡そ希臘依日土《ギリシアエジプト》以来理学（哲学のこと）の諸説を籠蓋して皆其中に在るを喜ぶなり。吾等は仏教の他の諸教と違ひ、近代窮理格物の実験説に逢ふて狼狽せざるのみならず、凡そ物理学（哲学のこと）の得るところは随ふて皆収穫し来たりておのれの薬籠の中に入ることを得るの仕掛なるを喜ぶなり。而して吾等は又仏教の方便応用自在にして、能く野老を生捕り、（中略）君子を生捕り、その上に又日耳曼《ゼルマン》碩学ショツペンホーエル其人の如き、物理学の無尽蔵を生捕りて猶ほ綽綽余裕有るを喜ぶなり。」（『兆民選集』）と言う。ここで兆民は、仏教をギリシア哲学やドイツ哲学にも匹敵するような包括的哲学思想として理解しており、それ故にこそショーペンハウエルなどの近代哲学思想に仏教思想は大きな影響を与えることができたと、哲学思想としての仏教を高く評価するのである。

兆民の弟子であった幸徳秋水（一八七一〜一九一一）が、「先生平生禅を好み、多く交わりを方外に結び、且つ仏典語録を猟渉し、頗る悟入する有るが如く、碧巌集の如きは、其最も愛読する所なりき。」（幸徳秋水『兆民先生　兆民先生行状記』）と伝えるように、兆民は、自ら禅を好み、禅語録を愛読した。兆民は禅の奇抜なレトリックや発想によって多くを学ぶとともに、実世間、すなわち「唯目前有る所の実迹」（『兆民選集』）を超えた「高華雄奇なる極致の境界」を直指するものとして禅を好んだのである。

全体的に見て日本人には、良くも悪くも感性や直感を重んじる傾向が強く見られることは、兆民のみならず多くの論者の指摘するところである。しかし、日本人が、論理的に筋道だった思索を、伝統的に行ってこなかったというのはあたらないだろう。兆民の主張する合理哲学こそ起こらなかったものの、仏教、儒教、国学をはじめ、神道・武士道・歌道・芸道・政道など様々な「道」の論などにおいて、論理的思索が積み重ねられ、豊かな精神的遺産となっている。中でも、そのような思索を広範に積み重ねてきたのが、兆民も評価する仏教である。仏教は論理性を持った体系的な思想であり、同時に、そのようなすべての概念化、体系化を、実践の立場から捉え返し、徹底的に相対化していく思想でもある。さらに、それは、哲学、文学、芸術など、人間の精神的営為の源泉となる「極致の境界」を、深く広く、独自のやり方で捉え、表現することを目指すものでもある。仏教によって日本人の精神世界は、より豊かなものになってきたし、現代を生きるわれわれにとっても、時代や地域を越えて人間性の核を見つめ、どうすれば人間が真の意味で充実した生を全うできるのかを思索し続けてきた仏教の示唆するところは大であろう。仏教は過去の遺物ではなくて、現代を生きるわれわれに多くの示唆を与え得るのである。

なお、入門書という本書の性質上、一つ一つについて明記しなかったが、執筆にあたっては、多くの先行研究から学恩を蒙った。

本書の出版にあたっては北樹出版社主の木村哲也さんと編集部の古屋幾子さんに御世話になった。また、お茶の水女子大学の小濱聖子さんと斎藤真希さんには校正をお手伝い頂いた。心から感謝申し上げたい。

二〇一〇年八月

頼住 光子

索　引

ア　行

サ　行

タ　行

ナ　行

ハ　行

マ　行

ヤ　行

ラ・ワ行

著者紹介

頼住　光子（よりずみ　みつこ）

1961年、神奈川県生まれ。東京大学大学院人文科学研究科博士課程修了。山口大学人文学部講師、助教授、お茶の水女子大学大学院人間文化創成科学研究科准教授、教授を経て、現在、東京大学大学院人文社会系研究科教授。博士（文学）。専攻は倫理学・日本倫理思想史。
主な業績として、『道元　自己・時間・世界はどのように成立するのか』（NHK出版、2005年）、『道元の思想　大乗仏教の真髄を読み解く』（NHK出版、2011年）、『正法眼蔵入門』（角川ソフィア文庫、2014年）、「日本仏教における中世と近世―「修行」から「修養」へ―」（『人文科学研究』第9巻、お茶の水女子大学、2013年）、「武士の思想に関する一考察―仏教との関係を手がかりとして―」（『倫理学紀要』第21輯、東京大学文学部倫理学研究室、2014年）、「日本思想における共生」（『比較思想研究』第41号、2015年）など。

日本の仏教思想―原文で読む仏教入門―

2010年11月5日　初版第1刷発行
2022年9月15日　初版第7刷発行

著者　頼住光子
発行者　木村慎也

・定価はカバーに表示　　印刷　中央印刷／製本　新里製本

発行所　株式会社　北樹出版

〒153-0061　東京都目黒区中目黒1-2-6
電話(03)3715-1525(代表)　FAX(03)5720-1488

　ISBN978-4-7793-0253-4